中国共产党上海市浦东新区书院镇委员会
上海市浦东新区书院镇人民政府

编著

中国出版集团　东方出版中心

图书在版编目（CIP）数据

书绽芳华时 / 中国共产党上海市浦东新区书院镇委员会, 上海市浦东新区书院镇人民政府编著. － 上海：东方出版中心, 2023.10

ISBN 978-7-5473-2275-8

Ⅰ.①书… Ⅱ.①中… ②上… Ⅲ.①老年人 - 先进事迹 - 浦东新区 Ⅳ.①K820.851.3

中国国家版本馆CIP数据核字（2023）第186452号

书绽芳华时

编 著 者　中国共产党上海市浦东新区书院镇委员会
　　　　　上海市浦东新区书院镇人民政府
责任编辑　朱荣所　刘　笛　王睿明
装帧设计　余佳佳

出 版 人　陈义望
出版发行　东方出版中心
地　　址　上海市仙霞路345号
邮政编码　200336
电　　话　021- 62417400
印 刷 者　上海丽佳制版印刷有限公司

开　　本　890mm×1240mm　1/32
印　　张　7.375
字　　数　127千字
版　　次　2023年10月第1版
印　　次　2023年10月第1次印刷
定　　价　98.00元

编写委员会名单

名誉主编

姚建安　朱　晨

主编

蔡奇芳

常务副主编

汪慧婷

副主编

朱　伟　蔡国荣

编委

陈丽娜　盛敏佳　倪恝懿

许　琪　瞿　爽　徐忆盈

序言 一

姚建安

积极应对人口老龄化是我国一项长期的发展战略。习近平总书记在主持二十届中央财经委员会第一次会议时强调："要实施积极应对人口老龄化国家战略，推进基本养老服务体系建设，大力发展银发经济，加快发展多层次、多支柱养老保险体系，努力实现老有所养、老有所为、老有所乐。"书院镇党委、政府高度重视社会养老服务体系建设，认真贯彻落实上级决策部署，聚焦基层社会治理，聚焦养老服务体系建设，以高度的热情、崭新的姿态，带领全镇人民，进行了一系列积极有益的探索实践。

2023 年，书院镇户籍老年人口已达 1.77 万，占户籍总人口的 33.4%。尽可能地创造优越的条件，为社区养老服务添砖加瓦，实现养老事业的蓬勃发展，是推进社区治理共建共治共享的必要举措。在区委、区政府的领导下，书院镇党委、政府始终坚持以党建引领社区治理、以人民为中心推进养老服务，积极构建"15 分钟养老服务圈"，努力探索原居安养的"书院方案"，逐渐形成并深化了"4+7"综合为老服务、

"睦邻爱家"、"每日饭饭"等具有书院特色的养老服务品牌，让以居家为基础、社区为依托、机构为支撑、医养结合为辅助的"9073"社会养老服务体系有效落地。

此次诚挚邀请上海市作家协会的作家和书院诗社的作者共同撰写的《书绽芳华时》一书，运用文学的手法，生动地展现了睦邻服务、社会治理、孝亲敬老、社区养老等过程中的典型事迹，见微知著地勾勒出书院养老服务事业的全景。全书由总结介绍和事迹案例组成，共32篇，从不同角度讲述了书院镇多姿多彩的故事。无论是书写群像还是描绘个人，作者都将一张张和谐团结、爱心满溢的面孔呈现在了读者面前，使书院基层治理人的生动形象跃然纸上、深入人心，彰显了文学的力量。

路漫漫其修远。回顾书院养老服务事业的发展之路，有艰辛、有创新、有突破，养老服务事业一步又一步地向前延伸，养老服务工作者一代又一代地奋楫笃行。站在新的阶段和新的起点上，书院镇将不忘初心，继续深入推动养老体系建设，不断优化养老资源供给，全面提升养老服务能级，稳步提升书院镇广大老年人的获得感、幸福感和安全感。

* 作者系上海市浦东新区书院镇党委书记。

序言 二
养老睦邻服务的生动呈现

褚水敖

有幸和我们上海市作家协会的几位作家，一起参与了浦东新区书院镇《书绽芳华时》一书的编写工作，感触颇多，也深受裨益。

综观全书，以下几个特色得到了较为充分的展示：

一是全方位展示治理者的面貌。

所谓全方位，是指本书的内容——围绕养老服务进行的基层社会治理，通过各位作者的笔，得到了全面的展示。在治理工作中，投身书院镇养老事业的志愿者群像，也得到了全面的展示。同时，作者把治理过程描绘得十分透彻、生动。如《书里品真谛，园中增见识》《春风化雨，一路善行》《美妙的人生伏笔》《风正一帆华》等文章，运用动人的情节，包括许多感人的细节，把治理工作的各个侧面展示了出来。在睦邻爱家方面，对每一个睦邻点、每一个相关的家庭和个人，都做了细细勾勒、鲜明呈现。养老服务的其他方面，作者也从新的角度，运用新的笔触一一展开。每一个作者的每一篇文章写的是特定的内容，当把所有文章聚集在一起时，便拼成了书院镇养老服务事业生机勃勃的全貌。

二是有重点地突出治理中的措施。

养老服务事业是基层社会治理的重要方面。但是，治理过程中必须要有切实有效的措施。书院镇党委、政府经过对本镇养老情况的调查研究，又借鉴他山之石，把建设睦邻点作为社区治理的主要措施之一。

《书绽芳华时》有多篇文章对养老睦邻互助点进行了生动的描述。这些文章有的整体描写优秀睦邻点带头人的群像，有的则对睦邻点点长个人进行了细致切实的描绘。无论是书写群像还是描绘个人，都将睦邻点里一张张和谐团结、爱心满满的面孔，清新优美地呈现在读者面前。如《四个人一个心愿》描写了四个睦邻点的四位点长，他们开展的养老服务各有强项和特色，最难能可贵的是，他们都拥有一颗热爱养老事业、千方百计为老人的幸福谋划、为睦邻点的兴旺发达日夜操劳的红心。又如《爱的镜像》一文对作为书院镇助人为乐典范的四位睦邻点点长，进行了非常细致、十分感人的描写。这四位点长助人为乐的行动和精神，在一个个生动的情节中得到了充分的展示。再如《周玉妹和她的老伙伴志愿者们》一文既勾勒出了周玉妹的身韵神韵气韵，又把老伙伴志愿者们的形象刻画得活灵活现。读者会从中感受到他们心灵的可敬可爱之处。

三是很动人地塑造治理人的形象。

为撰写《书绽芳华时》一书，书院镇专门邀请了13位作者，其中还有几位颇有名望的作家。所以，本书处处彰显着文学的力量——特别是在刻画基层社会治理人的形象上。

如上文提到的《爱的镜像》一文，就很好地体现了文学手法是如何使人物形象变得丰满立体的。这篇文章细腻扎实地描写了一群睦邻爱家的老人的优秀事迹，列举了他们的特征，突出了他们各自的性格。之后又以"赠人玫瑰，手有余香""屋外，是一条新农村的辽阔大路，通向无尽的远方……"之类的语句，提高了人物的精神境界。此外，又卒章显志，在文末写道："关怀他人、孝亲敬老的故事，在书院镇生动演绎着，这里的文化传统历久弥坚，这里的氛围盎然如春天。在真诚、亲善的传递中，大家体验着爱的镜像、爱的澄明……"这种具有强烈文学色彩的描写，使人物形象更加鲜明，文章由此获得了更为厚重的力量。

再如《爱心开出向阳之花》一文，淋漓尽致地描绘了孙仁芳大姐的感人事迹。最能体现文学色彩的是文末的描写："当我走进桃园深处孙大姐的小院时，当与孙大姐相视而笑促膝长谈时，当意犹未尽起身道别时，感受到的是桃园乡土的气息和大自然的生气，还有从孙大姐身上传递出来的一股浓浓的乡情、亲情、人情。"文章到此又笔锋一转，让浓烈的情感冉冉升起："情洒桃园。原来，有些情感已在不经意间透过皮肤，浸润到骨髓血液里，在生命的每一天。"——文学的效果，非常鲜明地展现在读者面前，震撼人心。

书院镇基层社会治理硕果累累。置身于一个个优秀的睦邻点，温馨的氛围会让你有一种四季如春的感觉。《书绽芳华时》就是要让这种四季如春的美好感觉跃然纸上。究竟有没有这种效果，就留待读者检验吧！

2023 年 9 月 16 日

* 作者系上海市作家协会原党组副书记、中华诗词学会顾问、中国作家协会会员。

目 录

睦邻爱家，善治书院

书院镇农村睦邻点 2.0 模式蓄力赋能基层社会治理

书院镇

一、 基本情况

书院镇行政区域面积 54 平方公里，下辖 13 个村、9 个居民区，户籍人口 5.3 万，外来人口 2.6 万。60 岁以上户籍老人 1.7 万，老龄化程度 32.1%。80 周岁以上 3 000 余人，其中百岁老人 16 人，已进入深度老龄化阶段。

为进一步缓解农村养老压力，书院镇深入推进农村养老睦邻互助点建设，充分发挥农村场地优势和弘扬邻里互助精神，走出

书院今日掠影

了一条符合书院实际、可持续发展的原居安养之路。在新时代，书院镇进一步增能提质，将睦邻点1.0升级为2.0模式，从"单项服务"变为"双向输出"，助推基层治理善治融合。目前已建成93个睦邻点，实现22个村居全覆盖，其中市级示范点88个，区镇级示范点5个，年均服务21.5万人次。以点带面、遍地开花的睦邻点，像毛细血管一般深入社区肌理，构建起书院社区睦邻"服务网"，凝聚起社区微网格治理"大能量"。

二、主要做法

（一）坚持党建引领，下好自治、标准、规范的睦邻基础"一盘棋"

一是配强睦邻点管理"主心骨"。书院镇高度重视、发掘、培养睦邻点的负责人，引导具有"三心力"（乐于奉献的爱心力、善于团结的向心力、勤于坚持的恒心力）的居民，特别是老党员、老干部、能人达人等担任点长和志愿者，形成"1+1"的核心管理模式。目前共有点长、志愿者186人，自主管理、自主运行。同时，构建"1+1+5"睦邻点核心骨干团队网络，即1名睦邻点点长+1名志愿者+5名全镇机动人员支持的睦邻点指导小组，不断提升队伍的综合服务能力。二是校准睦邻点运行"定盘星"。制订镇级睦邻点管理实施方案，对全镇睦邻点的建设与运行进行综合规范和引导，确保科学、合理、健康、长效发展；建立定期考评机制，对已建成的睦邻点进行考核评估，形成A、B、C、D四级考评等次，予以相应奖励或警示；完善睦邻点公约，促进"一点一约"对睦邻点自我管理发挥基础准则作用。三是争取共建联建"助推器"。充分发挥区域化党建共建联建机制的助力作用，采取"政府—村居—社会力量"的"三帮一"形式开展睦邻点建设，为睦邻点配备桌椅电器、报刊书籍、活动用品等，夯实标准化的睦邻点活动阵地；主动对接党建联建单位、优质社会组织等，倾斜资源向睦邻点提供免费服务清单；利用慈善资金设立"睦邻爱家"服务项目，搭建睦邻点定期培训、交流和展示平台，提高自身的组织与活动能力。

（二）丰富多元触角，构建开放、集约、共享的睦邻服务"一张网"

一是整合资源聚力协同，推动双向服务阵地前移。结合"家门口"服务体系建设，着眼"满足群众需求、打造双向服务"的目标，一方面，统筹各个部门、各类资源、各方力量，梳理形成服务清单共7大类86项，将菜单式"服务包"下沉至睦邻点，不断拓宽睦邻点服务外延。另一方面，各个睦邻点打破服务壁垒，挖掘出文艺、手工、军旅等不同特色的服务资源，形成"双向服务"循环机制，如文艺骨干组建团队送戏至养老院、编织能手制作物品助力慈善义卖、退役军人为村居百姓讲授微党课等，进一步反哺社会。二是"一老一小"融合发展，推动全龄段提质增能。各个睦邻点牵手青少年、孩童等群体，开设睦邻课堂，让民俗技艺、曲艺说唱、诗词书画等达人发挥一技之长，教授手艺知识、讲述睦邻故事。开展"书艺养成国学荟"主题活动，带领孩子们并带动年轻家庭参与，走入田间，走进睦邻点，一起习书艺国学、知农耕技艺，促进代际融合、传承敬老文化，在学习礼仪、诵写经典的同时，共同种下"孝亲敬老，知行合一"的种子。

（三）聚焦功能发挥，拧成共建、共治、共管的社区治理"一股绳"

就近议事，重心下移。推动基层村居以睦邻点为依托，将政策宣传、议事协商等平台向睦邻点延伸，组建睦邻议事会，商量村居大事、调处邻里琐事、解决各家难事、办好各类实事。不仅为居民就近议事提供了方便，结合睦邻点常态化活动的开展，更是推动了议事常态化、规范化，激活了基层治理的"神经末梢"。在中久村建设综合为老服务家园过程中，村委会通过睦邻点及时向村民传达工程重要信息，听取、收集大家对于家园空间布局、功能设置等的意见，运用"三会"机制邀请群众为家园打造集思广益、议事协商的氛围。中久村综合为老服务家园的建设贴民心、合民意，中久村村民在村庄的建设发展过程中更具参与感和获得感，激发出村民共治的内生动力。多元角色，汇聚能量。作为睦邻点带头人，点长常常身兼数职，党小组长、人大代表、妇女代表等，多元的身份，促使基层治理的方方面面、千丝万缕汇聚于此，让睦邻点成为撬动基层治理的重要支点，推动社区基层的"大治理"。余姚村老邻居睦邻点点长沈文龙是一名退伍军人，在重大项目落地期间，他老将出马、迎难而上，带领睦邻点成员参与到动员村民拆迁签约的工作中，以"啃硬骨头、钉钉子"的精神协助村委挨家挨户做工作，消解村民疑虑、化解拆迁矛盾。最终，余姚村提前三天实现100%拆迁签约，其间做到了"零信访"。

三、工作成效

书院镇始终将推进睦邻点事业高质量发展的愿景放置在规划图中、细化到任务表里，一个个小而美的睦邻点活力涌动，"四园阵地"精准回应了书院人民对美好生活的新期待。

（一）社区治理的"联络园"

睦邻点积极协助村居委收集社情民意，建设生活共同体。在去年社区"战疫"中，他们化身"大白""大蓝"，投入志愿服务工作，守护一方平安；在乡村振兴示范村建设中，他们和村居干部一起共商共议，带头改善村容村貌；在"芯级楼道"创建中，他们带领居民美化楼道环境，打造"睦邻"品牌……睦邻点串起了熟人社会，也生长出了社区共治的平台。

（二）邻里相亲的"互助园"

睦邻点集合的成员以高龄老人、独居老人为主，到睦邻点互聊家常、互解心结，化"陌邻"为"睦邻"，成为老人们新的寄托。每次活动谁没有参加，他们就会及时了解原因，有人生病了，就一起去看望，谁家有事了，就一起来帮忙，形成"你有困难我来帮、我有烦恼你来解"的温馨氛围，让邻里关系更为融洽。同时探索实践睦邻点全龄段的互动互助模式，延展资源服务网络，促进互助更深入、服务更实在。

（三）精神充实的"能量园"

睦邻点内丰富多彩、健康向上的服务活动，让书院的民生温度伸手可感，化解了农村老人的养老焦虑。不仅有所乐，更可以有所为。睦邻点为志同道合的居民创造了发挥余热的平台，在享受服务的同时，广泛开展各项志愿者活动，"理发师""书法家""老娘舅"……不同身份的转换，提升了居民"老有所乐、老有所为"的充实感。

（四）知识普及的"学习园"

从戏曲、书画、阅读，到饮食、茶艺、摄影，从普及法律政策、养生知识，到宣传文明创建、移风易俗，睦邻点成为思想文化建设的新阵地，满足了人民群众的知识学习需求，丰富多彩的学习内容打通了老年人学习的"最后100米"，让老人们能在离家最近的地方便捷地享受"老有所学"，乐在其中。

睦邻点迎新春活动照

四、成效启示

一方面，书院镇睦邻点植根于"邻里相亲、守望相助"的文化土壤，实现了党建引领下"远亲不如近邻"的文化理念，树立了"睦邻、助邻、乐邻"的农村养老新风尚，让农村老人真正享受到原居安老的美好生活。另一方面，睦邻点从最初的"看书读报聊家常"发展为"协助基层助力社区治理"，在基层社区中的影响力越来越大、覆盖面越来越广，已成为书院镇基层社区治理中一支不可或缺的重要力量。睦邻点的建设不仅极大地激发了群众主动参与社区治理的热情，也使政府工作找到了切实融入群众日常生活的有效载体，进一步增强了"人民城市为人民"的服务理念。下一步，书院镇将继续深化"做实一个点、织密一张网"的工作模式，在"十四五"期间建成100家示范睦邻点，持续提升睦邻点全龄段服务能级，进一步完善"15分钟养老服务圈"，促进老年人融入社区，共享书院社会高质量发展的成果，共同描绘出睦邻互助、百花齐放的缤纷画卷。

四个人一个心愿

褚水敖

这四个人来自书院镇的四个养老睦邻互助点。一个是中久村的苏林芳，一个是洋溢村的王元文，另一个是李雪村的顾红宣，还有一个是丽泽居委的陆卫萍。

2023年5月上旬的一天，为了接受我的采访，这四个人聚在一起。我走进苏林芳的家，苏林芳陪我到了一个看上去很舒适的房间，这是中久村声誉颇佳的睦邻点所在地。他们四人集中在这里欢迎我。我们便在极为融洽的气氛中开始了愉快的交谈。

这四个人岁数不同，经历各异，我很快发现他们的性格也有不小的差异，但他们都是有说有笑，一个个如数家珍似的描绘着各人所在的睦邻点。和他们饶有兴味地谈了半天，我有一个十分明显的感觉：这四个人有一个共同的心愿，那就是一心一意为村民服务，弘扬邻里互助精神，把自己的睦邻点建设成活力涌动、充满爱心、和睦团结、欢乐愉快的优秀集体。这一心愿是如此亮堂，以至我感觉他们在我面前显得特别光明。

走进苏林芳家宽敞的院子，经过院内被花草点缀得很是清新美丽的小径，我打量了一下她家的楼房，真可以用"精美"二字来形容。这在中久村显得比较突出。环境十分重要，在这个睦邻点的30多位居民，有老老人也有小老人，他们每次来参加活动，是在这样优美的环境里，他们良好的心情一定会变得更加良好。

苏林芳

苏林芳是这个称作"久之缘"的睦邻点的点长。她还是书院镇的人大代表呢！我问她："你们为什么取'久之缘'这个名字啊？"她兴高采烈地说："那还不是因为我们都有一个共同的愿望，不但要把我们的睦邻点办好，而且要它长长久久吗？"我留心了一下这个睦邻点的布置。"久之缘"在墙上非常醒目，在"久之缘"三个字的下面，同样醒目地张贴着睦邻点的公约。苏林芳告诉我："这个公约是好多村民集合在一起，先七嘴八舌地议论，然后由我集中意见，共同商议制定的。"公约规定活动时间是每周三和每周六下午，一起读报、健身、唱歌、跳舞、做各种游戏等。睦邻点的原则是十个字：自发、自理、自费、自愿、自治。特别强调参加的成员要做到热情互帮，低龄老人必须关心高龄老人，更要关心有困难的老人，特别是独居老人。苏林芳不无得意地对我说，自从睦邻点成立以来，她们把公约的每一条都切实地做到了，这使他们的睦邻点有了很大的感召力与吸引力。

这个睦邻点除了自己内部进行各种既很有趣味又很有意义的活动外，还向外扩散，把爱心贡献给社会。他们有一个引以为荣的舞蹈队，在这一带颇有名气。在苏林芳的带领下，"久之缘"舞蹈队通过提高舞技、营造气氛形成了自己的特色，受到广大村民的欢迎。于是他们又把舞蹈队拉出去，隔三岔五地到附近村子演出。邻港养护院、泥城镇养老院等，都留下了他们欢乐的身影。大家都夸赞这支舞蹈队的舞姿相当优美。舞蹈队自编自演了不少村民们喜闻乐见的节目，竟然能连续演出一个半小时！

洋溢村的"绿色家庭"睦邻点，是由王元文负责的。王元文

王元文

有一个特长：善于养花莳草。他有爱美的习惯，又有审美的能力。他在自己家里打造了令人赏心悦目的小花园，又在睦邻点里向大家传授花草栽种和养护的技术，引导大家美化自己的家庭环境。别看只是摆弄花草，这里头大有学问。王元文耐心细致地把自己学到的这方面知识和积累的经验，传授

给睦邻点的村民。有的村民本来对花花草草不是很有兴趣，在王元文的感染下也学习并实践起来。当美丽的花草在自己家里增添生活乐趣时，村民们当然由衷地开心。

王元文还有一个爱好是摄影，他一有机会就热心地为睦邻点的村民照相。说起来也许有人不信，这里有的村民从出生以来就没有照过相。王元文热情主动而且经常性地为村民照相，这使他们既高兴又感动。王元文做这件好事还特别到位，他为村民照过相之后，特地一张张印出来，塑封好，送给村民。这看起来是一件小事，但王元文坚持做，精心做，不断给村民们带来欢乐。

提起顾红宣，李雪村的村民无不交口称赞。别看顾红宣只有小学文化程度，她可有不少头衔呢。她是中共党员、睦邻点的点长、村老年学校的负责人，还是三八红旗手。这些头衔，无不渗透了顾红宣为大家服务、为别人操劳的点点心血。她常说，自己费点时间，花点心血，能使村民们得到点愉快，她自己心里也就充满了欢乐。

顾红宣办村老年学校是全身心投入的。这个老年学校除了教授通常的内容，比如唱歌、跳舞之类，更重要的是特别倡导奉献精神，引导村民为他人的利益、社区的治理奉献，不断增强奉献的"爱心力"。为了能够学有榜样，顾红宣提出"奉献的样板就在我们身边"。因为她是个有心人，她发现本村有一个姓潘的老人，平时不大说话，但经常以帮助别人为自己最大的乐事。顾红宣察

顾红宣

觉这位老人的优点后，不断找他聊天，了解他的身世。后来她惊喜地发现了老人光荣的经历：老人年轻的时候，曾经在抗美援越的战场上冲锋陷阵，荣立过二等功。顾红宣便抓住了这个典型，把他当年在战场上和如今在村里的卓越表现整理成文字，在自己的睦邻点和老年学校大力宣传。大家知道了姓潘的老人的优秀事迹后，都很感动，纷纷表示要向老人学习。这为李雪村弘扬正气、促进精神文明建设起到了良好的作用。

"暖心"是顾红宣为自己的睦邻点取的名字。顾红宣经常在睦邻点里对大家说："我们的睦邻点既然叫'暖心'，那就得在'暖心'这两个字上下功夫。什么是'暖心'？'暖心'就是要让大家在睦邻点里感受到真正的温暖。要做到这样，很重要的一条是睦邻点的成员一定要团结互助，团结要团结得像一家人，互助要互助到谁有困难，就会有人出来帮助。"

这个睦邻点最能体现暖心的是，在顾红宣的引领下，点里的一家子五个妯娌的关系极为融洽和谐！特别是大嫂带了个好头，在体贴人帮助人方面做得特别出色。另外四个妯娌异口同声地赞扬她："要说大嫂的好，三天三夜也说不完啊！"五个妯娌的关系这样和美，使李雪村的村民们不胜羡慕，不知不觉地为村中形成美好的风气起了模范作用。

下面我们要夸一夸丽泽居委的陆卫萍了。

她原是上海一家钢铁厂的厂医，已经退休在家快十年了。居委办睦邻点的时候，陆卫萍积极参与，办了一个名叫"好享来"的睦邻点。睦邻点之间，无形中有一种相互竞赛的气氛，通过竞赛，更好地发挥各自的优势。这时候，有特长的居民就能大显身手了。陆卫萍心想：我是个医生，应该把自己的这个特长发挥出来呀！有了这个美好的愿望，陆卫萍就开始行动了。她把自己的行动分成日常的和专门的两类。所谓日常的，就是她经常关心点里每一位成员的身体状况，询问他们的生活与饮食习惯，进行必要的指导。她还经常为居民检查身体，包括量血压，测血糖。有一次她为一个"新上海人"测血糖时，发现她血糖很高，而这位"新上海人"自己还毫不知情。陆卫萍赶紧陪她去了医院，经医生检查，发现是患上了糖尿病。这一下这位"新上海人"紧张起来，陆卫萍马上给她做思想工作，稳定了她的情绪。后来，经过治疗，患者的病情得到了控制。所谓专门的，是陆卫萍定期为居民上养生课，她的养生课针对性很强，比如对老年慢性疾病的治疗与身体的养护，她讲得头头是道，既贴切，又生动。这就理所当然地受到大家的欢迎。丽泽居委里不少居民这样反映："有陆医生在，我们身体一有不舒服就可以找她，有了病可以及时发现，这件事

陆卫萍

大家一想起来就觉得非常开心。"

疫情发生以来，陆卫萍感到自己责任特别重大，总是想着怎么样服务好居民们。除了防疫本身的工作之外，她还常和居民们谈心，减轻他们因疫情而生的心理负担。为了让老年人接种疫苗，陆卫萍不断做动员，组织他们打了第一针、第二针及第三针。有的老年人刚开始不了解情况，认为自己很少出门不会被感染，但在陆卫萍的耐心解释下知道了病毒传播途径、疫苗原理，再结合自己的身体情况，最终接种了疫苗。她还在疫情期间做一般人不愿意做的事，比如仔细地捡拾白色垃圾——丢弃在地上的口罩——投到垃圾桶里。这尽管是很小的事，却也可以体现出一个人的精神。

这四个人有着同一个心愿，为了书院镇的养老睦邻互助，他们齐心协力而且持之以恒。据我所知，这种现象在书院镇十分普遍。这心愿发出的光亮，在书院镇的许多地方闪烁着，温暖了人心，也鼓舞了人心。

爱的镜像

记书院镇助人为乐典范：张文根、瞿勤龙、季标、毛建军

杨绣丽

5月初夏的一天，微凉的空气中有着雨意。我们驱车来到书院镇新北村，在书院港路与中心路交会的路口，远远地就看到转角处有一间红瓦和灰瓦相间杂的白墙小屋，木制的蓝色窗框有些破旧，墙根处的水泥已经被雨水浸泡得潮湿发黑。墙面上贴着一张竖版的蓝底红字店牌：石北理发店。右边还有写着"维修太阳能热水器"字样的广告。我们在门口张望，一位矮小敦厚的老人从小屋里走出来，他笑眯眯地招呼我们。他就是石北理发店的主人张文根。

张文根1945年出生，18岁开始拜师学艺，到如今从事理发工作整整60年了。他18岁拜的师父姓黄，黄师父教他怎么洗头、怎么理发、怎么修面、怎么为村民服务。60年来，张文根在新北村为民服务，献爱心，送温暖，一做就是几十年。

村子里有一些老人或腿脚不便，或卧床不起，张文根便会背着自己的理发工具箱，上门为老人义务理发。有一次，听说90岁老人唐福祥身体不好，卧床在家，张文根便主动上门服务，把老人从床上扶到椅子上，耐心细致地为老人洗头、理发、刮胡子。

张文根为老年朋友理发

他还专门挑天气好的时候去。因为天气暖和，老人不会着凉，剪好头发还可以晒晒太阳，对身体也好。从那以后，只要张文根有空，或是路过唐福祥的家，就会去看看老人，跟他聊聊家常，关心老人的身体状况，还定期上门为老人理发修面。还有一次，五组的杨宝福摔伤了脚出门不便，他的老伴打电话来让张文根去剪发。那是一个寒冷的冬日，张文根自己得了伤寒，身体不舒服，但他还是骑着自行车去为杨宝福剪头发。村民老唐说："你自己身体不好就不要去了，做好事也要顾好自己的身体。"张文根说："不好不去的，别人打电话来叫我肯定是有困难的，有困难我就要去的，不能让别人觉得我老张架子大。"

村里的老队长苏保连，今年已经98岁了，张文根主动上门为他剪头发，平均每个月剪一次；新北村一队的李赞伯90岁，因为脚骨折，没有办法动，张文根就上门为他剃头。类似这样的情况有很多很多，到如今，累计已有70多名孤寡残障人士接受过张文根的上门理发服务。只要有需要，张文根就会关上自己的店，上门理发，为民服务。村里哪位困难孤寡老人什么时候理过发了，什么时候要理发了，张文根都有一张时间表，牢牢地记在心中。

张文根还到敬老院为老人剃头发。有一次，他在敬老院连续为老人们剃了23天发，创造了他自己的吉尼斯纪录。

赠人玫瑰，手有余香。除了上门为老人剃头，其余时间，张文根就待在他自己的石北理发店小屋里，度过了几十个春夏秋冬的理发生涯。他上午在小屋里扎扎笤帚，十点左右会有村里的老人陆续来理发店聊天。他边招呼客人，边用师父留下来的剃头工具，细心地为客人剃头。只听哧啦哧啦的声音在小屋内回荡，早年师父留下来的那张理发圈椅，扶手已经被磨得乌黑铮亮、漆色斑驳了，透着岁月深处的光影。屋外，是一条新农村的辽阔大路，通向无尽的远方……

和张文根相比，桃园村的瞿勤龙显得年轻很多，他只有67岁，长得黝黑壮实，一张朴实的脸透着正直和温良。瞿勤龙是一名中共党员，退休前在供排水公司工作，曾被评为先进个人。他牢记使命，坚持退休后继续为社会服务。

瞿勤龙平时做送餐志愿者。一年365天，风雨无阻，把热气腾腾的饭菜送到老人们手上。他送菜时碰到一位86岁老人，老人是抗美援朝老兵，手残疾了，无法打开饭盒，瞿勤龙每次去都会帮他把餐盒打开，把饭菜小心地放在他面前。有一次，瞿勤龙在送餐路上看到老人汤秀英坐在轮椅里吃力地往家赶，他主动把汤秀英送回家。瞿勤龙每天上午十点送餐，平均要送20多户人家。因为在不同的小区、不同的村组，来来回回要跑很多路。他每天送好餐，都已经热得满头大汗，累得气喘吁吁。

瞿勤龙在路上

瞿勤龙还是一名热心的水电工，退休后，只要左邻右舍水电出现故障，总有他的身影，他不仅不收工钱，还会自己倒贴钱购买材料，左邻右舍都为他竖起大拇指。90多岁的瞿祥福家里自来水管老化了，每年一到冬天就会出问题，要让瞿勤龙修理三到四次。瞿勤龙总是二话不说就上门服务，且不收一分工钱，义务帮忙。

瞿勤龙古道热肠，平时还做平安志愿者。在疫情期间，他第一个提出要做志愿者，不怕病毒感染坚守在第一线，他还充当驾驶员、分菜员、送菜员等。在"大筛"期间，他维持秩序，让现场井井有条。

他懂得为老人着想，经常向村里反映老年朋友的意见。逢年过节，主动上门问候孤寡、独居老人。每当天气转冷时，他对老人们总悉心叮咛，要他们"天气转凉，注意保暖"，"秋干气燥，注意防火"等。他还时常把自己种在承包地里的蔬菜分享给老人和邻里，受到人们一致的好评！

像张文根和瞿勤龙这样热心助人、为民服务的先进模范还有好几位。桃园村的季标也是一位热心为村民提供义务维修服务的水电工。

季标年轻时学的是水电安装，除了承担家里的维修安装任务之外，邻居乃至邻村有需要安装维修的活也会找他帮忙，他也十分乐意去做，大部分问题都能轻松解决。

季标不仅身体力行，还带动家庭成员助人为乐。他们积极进取，一家人与邻居和睦相处。和邻里间的和睦不仅仅体现在有困难时想起对方，还体现在时常互相串门，唠唠家常，分享趣事。他们不仅仅是邻居，更是朋友。

季标为邻居更换灯泡

季标的家庭倡导文明科学的生活方式，注重科学理财、合理消费、勤俭节约。季标和妻子常教导孩子："虽然现在的生活条件越来越好了，但是勤俭持家的传统不能丢，要从生活中的每件小事做起。""东西坏了也要先想着修，而不是丢。"

前些日子村里开展"美丽庭院"建设，季标和家人每天都是天蒙蒙亮便起床，忙完日常家务后便打扫起自己房屋前后的卫生，房屋周围从无废弃堆积物及卫生死角。现又正值隔壁邻居的房屋拆旧重造，季标也每天都会在建筑工走后帮忙整理打扫路口通道，从无怨言。整洁的庭院，明净的窗户……这不是他们家某一成员的努力，而是每个成员的勤劳之所得。

季标家庭曾被授予书院镇"最美家庭"和"孝动书院"称号。而书院镇李雪村的毛建军家庭因为四代同堂其乐融融，乐于助人，也被授予"孝动书院""十佳最美敬老家庭"等称号。

李雪村和书院镇的其他村子一样，都有着绿意盎然的菜园、岸绿水清的小河、漂亮的农家楼和赏心悦目的美丽庭院。

走进毛建军家里，只见窗明几净，厅堂亮丽，花草盆景点缀其中。"虽然老的小的都有厨房间，但我们一直在一起吃饭的。"毛建军的妻子夏亚丹说。四代同堂，一个锅里吃饭，真是其乐融融。

毛建军的父亲毛爱国已经72岁了，毛爱国说，每逢春节的时候，他的两个女儿家的人也都会到这里来相聚，四代同堂"七家门"有20多人。每到这个时候，就是毛建军夫妇大显身手的好机会。毛建军自告奋勇当厨师，从网上搜索了许多年夜饭的菜谱，亲自掌勺烧出美味可口的菜肴，尤其是那一道色香味俱全的红烧肉，很受长辈们的青睐。"平时工作忙，假日里就想多做些，多尽一份孝心。"这是毛建军经常说的一句话。

毛建军业余时间喜欢钓鱼，每当钓到了野生的鲫鱼、白水鱼、昂刺鱼等，总是挑大的、好的先给老人品尝。有时，他还给毛家宅的一些长辈送鱼。毛家宅83岁的长辈毛新桃说："建军这孩子对长辈很尊重，有一次他钓到了鱼，特地来到我家

毛建军帮忙焊接

里，把最大的鲫鱼和白水鱼送给我尝鲜。"

毛建军是一家企业的水电工，业余时间，他经常利用自己的一技之长帮助别人。平日里，村子里有谁家电灯突然不亮了、电视机坏了、水龙头坏了，只要打电话给毛建军，他总是马上赶来帮助维修。

有一次，毛新桃老房子的水电线路因严重老化而无法使用。毛建军二话没说，花了三天工夫帮老人重新铺设了新的水电线路。看到室内面貌一新，电灯、电视机、卫生间的抽水马桶等都能正常使用了，老人十分感谢建军解了他的燃眉之急。

在毛建军的影响下，夏亚丹对老人也很热情，有什么事情她总是乐意帮忙。夏亚丹多年来一直帮助年老体弱行动不便的老人办理报销、救助等手续。11组有一位83岁长期卧床的重残病人，经常要到村里去取政府免费发放的尿片等，夏亚丹也总是帮她领取然后送到家里。

"人人亲其亲，长其长，而天下平。""亲善产生幸福，文明带来和谐。"在书院镇，还有不少像张文根、瞿勤龙、季标、毛建军这样睦邻爱家、助人为乐的先进典范。关怀他人、孝亲敬老的故事，在书院镇生动演绎着，这里的文化传统历久弥坚，这里的氛围盎然如春天。在真诚、亲善的传递中，大家体验着爱的镜像、爱的澄明……

乡村医生方才仙

唐吉慧

　　这两年因重新装饰了外墙——粉刷了新的颜色，贴了新的材料，这幢建于20世纪80年代的老屋顿时添了不少神采。老屋向南十米外有条河，河水清澈而温润，名叫洋溢河，是洋溢村与中久村的界河。老屋与河之间的空地上种着蔬菜，有茄子、韭菜、青菜，也有玉米、番茄，一小片一小片绿油油地成畦成行。打理这些蔬菜的是方才仙，住在这幢老屋里的也是方才仙。

　　方才仙生于1945年，自小在洋溢村长大，15岁那年开始每周三次去县医院学习医疗护理知识。从村里到县医院30多公里，每次大清早六点多出门，坐一个多小时的公共汽车。如此三年，18岁拿到医师证，方才仙踏进村里的卫生室，成了村里的第一批乡村医生。

　　最初，卫生室有三名乡村医生——那个年代大家又叫他们赤脚医生。不过其中一位把时间花在了读书上，平日极少来卫生室，后来考取医院的职务，有了更好的发展。另一名患有小儿麻痹症，行走不便，所以日常工作大多交给了方才仙：为大家测血糖、量血压、打针、挂水、配药、接生，背上十多斤的药箱出诊，不分寒暑、不分昼夜，随喊随到。日子一久，村里没人不认识她，没人不尊敬她，见了她都会喊她一声"方医生"。

1977年1月7日，已过小寒。上海的冬天本来就阴冷，更别提连着下了几天雨、飘了几天雪的上海农村。农村里晚饭吃得早，休息得也早，那天傍晚五点多天已全黑，雨雪仍然没有停，方才仙刚吃过晚餐，"当当当！"突然有人敲响家门："方医生在家吗？快去趟我家吧，我家媳妇要生了！"原来是村里潘家伯伯，雨雪的天气顾不上打一把伞，戴了顶解放帽便焦急赶了过来。潘家伯伯不停喘着白气，两只耳朵冻得通红，眼睛却透着光亮。方才仙先是一愣，继而披上棉袄、背上药箱出了门。"快走，快走！"她说。外面的雪积了有十厘米厚了，潘家离方家有三里地，两人深一脚浅一脚吃力地向三里地外走去。

过去的农村交通不便、医疗条件落后，农村妇女生孩子大多在家里；乡村医生就是接生员，担起了村里迎接新生命的重任。对方才仙来说，每一次接生都是一场惊心动魄的战斗。产妇顺产，母子平安，自然皆大欢喜。如果遇到各种不同情况的难产，无论多难，无论多久，都不允许有丝毫的松懈，必须凭着熟练过硬的技术和丰富的接生经验，以及强烈的事业心和责任感去克服困难。

那天晚上，经过五个多小时的战斗，随着一声婴儿的啼哭，潘家媳妇终于顺利生下一个男婴，为这寒冷的晚上添了许多暖意。

夜半12点，方才仙才回到家里。可是刚入家门，丈夫便焦急地说："别进来了，张家阿姨来过了，赶快去张家阿姨家里，她家媳妇也要生了！"方才仙还没放下药箱，听了丈夫的话，应了声"知道了"，转身再次走入漆黑的雨雪夜里。五个小时后，方才仙回来告诉丈夫，张家也生了个男孩。她正准备洗把热水脸，家门外又响起了喊声："方医生，睡了吗？快给我们家帮帮忙，我家媳妇要生了！"方才仙在屋子里听得清楚，赶忙回了一句："马上来！"就这样，她又背上药箱出了门。这回是李家的媳妇。在方才仙的帮助下，同样经过五个多小时的努力，李家媳妇生下一个女婴，让全家人沉浸在了新生命诞生的喜悦之中。自然他们也对方医生充满了无尽的感激。

当方才仙拖着疲惫的身子回到家时，天已经亮了，丈夫起床开始了一天的劳作。"你总算回来了，一个晚上帮着接生三个孩

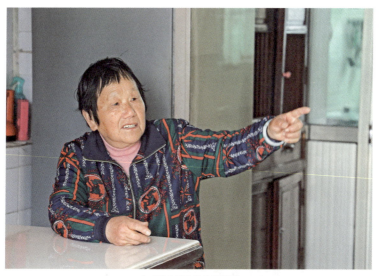

方才仙介绍她的从医经历

子，累不累？高兴不高兴？"丈夫笑着问。"累是累的，可是看到那几个孩子，我就是高兴。"方医生说。"快喝口水吧，抓紧时间睡一会儿。"丈夫体贴地说道。

那些年，方医生每年为村里接生40到50个孩子，多的时候有百余个。每次接生结束后的三四天里，她一定回访三次，看看大人的健康状况，有没有大出血，孩子的脐带是否脱落。大人孩子都健康，她才放下提着的心。

卫生室的工作时间，夏季是早上八点到下午四点半，冬季是早上八点到下午四点，可她从没有按时上过班，也从没有按时下过班。上班前，她趁走不动路的糖尿病患者没吃早饭，先上门为他们测血糖；下班后随访肿瘤病人，为妇女和儿童做保健管理，也上门为老年高血压患者量血压。全村行动不便的病人几乎全由她一人义务照顾，因此方才仙极少顾及家里的事情。好在丈夫支持她，包揽下家里所有的家务和农活，从不抱怨，每天做好了饭菜等她回来。20世纪80年代初时，因为家里条件有限，买不起新自行车。为了让方才仙轻松一些，丈夫去旧货商店买回来一部散了架的自行车和一些零部件，花了几天时间自己焊接、装配，为爱人修理出一部自行车，这以后方才仙便骑着这辆自行车出诊了。有年夏天，丈夫对她说："家里种的西瓜长势正好，你那么忙，没时间种，那么什么时候去看一看吧。"

方才仙就这样兢兢业业做了一辈子乡村医生，由于乡村医生缺少新鲜血液，她一直做到了70岁才退休。

64岁那年，方才仙加入村里的"老伙伴志愿者"队伍，与五位80多岁的高龄独居老人结对。小老人服务老老人，方才仙觉得十分

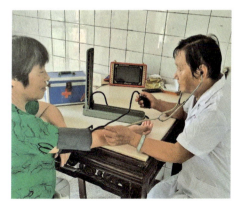

方才仙为邻居量血压

有意义，她时常为他们做些保健工作。"量量血压，听听心跳，都是我熟悉的工作，跟老人一起聊聊天，他们开心，我也高兴。"她说。有段时间她意外摔断了手臂，仍然坚持前往结对的老人家里探望。老人们心疼她，劝她好好休息，将身体养好再来，但她心里放不下他们，她说："他们子女不在身边，心里总是盼着有人陪他们聊聊天，不去的话他们会感到很寂寞。"

"老伙伴志愿者"对队员的年龄有所限制——不能超过70岁。方才仙不得不在70岁退休之际同时退出了志愿者队伍。今天，方才仙的媳妇接过班，成为"老伙伴志愿者"的一员。村里人都夸赞："方医生，你有个好媳妇呀！"每每听到这些话，方才仙的脸上都会闪过一丝笑容，这笑容像洋溢河的河水，清澈而温润。

温润的爱漫过心田

记书院镇丽泽居委退休教师顾玉兰

周彩燕

今天是"520"，一个提醒我们爱与被爱的日子。在这样一个明媚的上午，我走进了位于书院镇首善街555弄的丽泽·荷亭苑。约定的是9点在小区门口见面，我看了一下表，8点52分。我径直走，一个身着粉色针织衫的阿姨也朝我的方向走来。我微微一笑，迎了上去。"您就是顾玉兰老师吧，我在书院诗社的公众号上看到过您！""你是小周吧，我家就在这栋，外面冷，我们去楼上聊聊吧。"

一上楼，醒目的"共产党员户"标牌映入我的眼帘。推门进去，地板锃亮，窗明几净，顾玉兰把家里收拾得整整齐齐，一尘不染。足见女主人素日的贤惠和勤劳。

刚坐下，顾玉兰就递上了一杯热气腾腾的茶水，特别的茶香正如她带给我的第一感觉：清新、自然、真诚。看着桌案上摆放的《博爱》杂志，再抬头与顾玉兰对视，她的眼眸深邃而明亮，里面写满了故事。

"其实，我只是一个很平凡的人，做的也都是一些微不足道的小事。"顾玉兰看着我，打开了话匣子。她的语气特别柔和，我们之间的交谈很亲切，很轻松，有一种很特别的熟悉感。

怀揣爱心和耐心行走在育人路上

顾玉兰今年虽然已经74岁了，但也许正因为爱笑，显得特别年轻，精神状态也非常不错。自踏上新港小学的三尺讲台起，顾玉兰就用心去奉献，用爱去教学，让每一个平凡的学生都绽放光芒。她把青春坐标定格在了献身教育的轨道上，这也让她一直肩荷着沉甸甸的责任和使命。

孜孜以求的她，从未停下过学习和进取的脚步。从最初的代课老师转为正式编制，教过小学也教过初中，最令顾玉兰引以为豪的是，她足足教了20多年的毕业班。当被问及成为一名教师最大的幸福时，顾玉兰嘴角上扬："没有爱，就没有教育。作为教师，我爱童真烂漫的笑脸、爱天真无邪的稚语、爱每一颗顽皮的童心，我觉得这些是无与伦比的。同时，我也真切地享受着'桃李满天下，百花吐芬芳'的幸福，这是其他任何一种职业都无法收获的。在陪伴孩子们健康成长的过程中，我每天都在收获新的惊喜和喜悦。"

"走过征程路，回首满径花。"从教34年，顾玉兰内心依然无比坚定：教育事业是今生无悔的选择。

乐享园里盛放着永不凋谢的玫瑰和梦想

对于顾玉兰来说，2010年是她人生的一个重要转折点。因为拆迁被安置到了丽泽·荷亭苑，从此也开启了她人生新的篇章。因为刚搬迁，老人们起初对小区的居住环境很不适应，深感孤独。顾玉兰看在眼里，急在心里。她向丽泽居委提议，成立一个读书班，帮助社区的老年人实现认字的梦想，同时也丰富他们的精神文化生活。于是乎，两张小方桌，四条小板凳，一个停车库，加上顾玉兰的自编教材，读书班就这样启动了。参加学习的老人最初只有三到五人，顾玉兰教的也只是一些简单的姓名、路名、日常用语等。很多老人都是零基础，很多连字都不会认，更别提写了。通过几个月的学习，当有的老人能够独立写出"老有所乐，老有所学"这八个字的时候，顾玉兰的激动之情溢于言表。

在狭小的读书班里，大家一起聊聊家常，分享养生知识。对于顾玉兰而言，每天的生活忙碌却又特别充实。后来参加学习的老人越来越多，车库里待不下了。在顾玉兰的提议下，居委全力支持，在首善街附近协调出一间房，里面可以放置九到十张小方桌，足以容纳100名学员。这里有一个好听的名字，叫作"乐享园"，意思就是让老人在晚年有一个享受快乐的地方。多么简单朴素的想法啊。

与此同时，乐享园的师资队伍也在日益壮大。除了顾玉兰、瞿老师、同居委的杨海敏老师，陆医生也加入了志愿者队伍，虽然每天忙忙碌碌，但大家却乐此不疲。除了最闹猛的读书班外，乐享园还开设了健康班、手工班、沪语班、象棋班和老年人活动

顾玉兰介绍乐享园里的活动照片

班等，每一天都盛满了老人们的欢声笑语。在大家眼里，顾玉兰是一位认真负责耐心细致并有着丰富学问的退休教师。她与她的志愿者团队分工明确，为乐享园的老年朋友提供健康、养生、手工、安全、时事新闻等方面的资讯和服务，把温暖和幸福带给了许许多多的人。然而，顾玉兰却谦虚地说："真诚付出，是一件值得骄傲和回味的事情。我只是一名普通的志愿者，做的也只是为老人跑跑腿、动动嘴的小事，只要大家需要帮助，我就会出现，这也是我存在的全部意义。"

有多少光就发多少热

自1985年7月入党以来，顾玉兰一直坚守着入党的初心，党龄足足有38年。作为党小组长的她，总是有多少光就发多少热。党小组里有几位老党员常年生病，无法参加党支部组织的学习活动，顾玉兰经常去看望他们，给他们送去学习资料，给他们讲社区开展的各类活动，让他们的心永远与党紧紧相连。

十多年前，顾玉兰加入了镇老年协会组建的老伙伴志愿者团队。自"老伙伴"计划开展以来，260名老伙伴志愿者与1 300位高龄独居老人进行了结对，互助关爱。志愿者们每个周末都进家入户，用温情的话语抚慰老人们内心的寂寞与孤独，用温暖的双手支撑起他们对美好生活的向往与期待，让他们切身感受到小区大家庭的关怀与温暖。顾玉兰说："对待老人最重要的是尊重他们，也许在交谈中他们会经常走神，也许他们的耳朵听不真切，我们要耐心地和老人慢慢说，让他们感受到我们的真情和热情。"

小区里的居民瞿老伯患有痛风病，经常发作，行走十分不便。顾玉兰多次清早到书院卫生院挂号，再去接瞿老伯来看病，而且热情搀扶，有说有笑，不是父女胜似父女。

丽泽社区的妇女之家开办了丽工坊、丽乐坊、丽食坊、丽茶坊、丽馨坊五个班。顾玉兰和陆医生是丽茶坊的管家。每周五，社区内的18位60多岁的姐妹会来品茶聊天，拉家常讲趣事。一起唱红歌，跳广场舞，做手指操，练绕口令……为了紧跟时代节拍，顾玉兰还会耐心地手把手教老人学习使用智能手机，让老人的生活丰富多彩，自己也越来越年轻。

顾玉兰（左三）与大家一起做手工扇

简单的陪伴是对老人最好的爱

随着时间的流逝，不经意间，顾玉兰自己也步入古稀之年，她依依不舍地退出了老伙伴志愿者团队，但是顾玉兰逐爱的脚步从未停歇。从2014年开始，顾玉兰以一名光荣的陪聊志愿者身份，开启了她人生的另一段奉献之旅。也正是从那时起，顾玉兰的生活与盛阿婆紧紧地绑在了一起。

独居的93岁盛阿婆有三个儿子，但都不住在同一小区。由于腿脚不便，疫情期间，长达两个多月的20多次核酸检测，都能看到顾玉兰推着盛阿婆来回穿梭的忙碌身影，风雨无阻。作为陪聊志愿者，顾玉兰只要一有空就会陪老人聊天解闷，经常给老人读读报纸新闻，有时还给老人打扫屋子，老人原本寂寞无聊的日子变得熠熠生辉，脸上也总是洋溢着笑容。有一次，盛阿婆家里的电灯坏了，夜间上厕所时不慎摔倒，她第一个想到的就是顾玉兰。电话一拨过去，顾玉兰就立即通知物业连夜修灯……虽然早已迈入耄耋之年，但是盛阿婆一直很想参加读书班。顾玉兰二话没说，便带她去了，这让盛阿婆心里乐开了花，逢人便讲："顾老师真心好，像我的亲生囡一样照顾我，天天还不忘打电话关心我，买菜、配药，都是她帮我的。"盛阿婆每次提到顾玉兰都有说不完的谢谢。

"掌心向上，另一只手的大拇指由掌根部向手指方向推压掌心……"有空的时候，顾玉兰还会手把手教盛阿婆手指保健操，让老人即使坐着也能活动筋骨。顾玉兰笑着说："老人也是老小孩，需要我们的关心，需要精神上的慰藉。看见老人灿烂的笑容，看到他们身体健康，这是我最大的欣慰。"正因有了这群充满爱心的小老人，小区里的老老人更加感受到了邻里间守望相助的温情。

"其实陪伴老人的同时，也是在治愈自己。"顾玉兰拿出了自己的日记本，那泛黄的纸页，记录的是一个个难忘的温情瞬间，每一次落笔，顾玉兰仿佛又重温了一段温暖的时光。采访间隙，顾玉兰还特意从手机里翻出了她与盛阿婆的合影和视频给我看，看着那些充满爱和温情的画面，我发现，顾玉兰的眼眶有些湿润。

"我无法做伟大的事，但我可以用伟大的爱去做些小事。"2019年，顾玉兰获评"孝动浦东"先进个人，书院镇2018至2019年度"十佳最美敬老个人"。在顾玉兰看来，自己的付出算不了什么，在她眼里，闪闪发光的人还有很多。于她而言，助老为老是自己的梦想和追求，她要用一生的时间去完成。

七面锦旗

褚水敖

这七面锦旗，还要从我发现这位老人的特点说起。

每个人都有自己的特点，有的人特点较为隐蔽，有的人特点则十分鲜明。这位老人属于后一种。

我和她会面交谈，只在她家的客厅里坐了一会儿，她身上的特点就迫不及待地冒了出来。她的语速极快，快到我正在听她的前一句话，后一句话就紧接着蹦出来了！形容她说话像连珠炮，真是毫不过分。另外，她很爱笑，经常是一边说一边笑，不停地笑，而且动不动就哈哈大笑，甚至仰天大笑！

如果不和她面对面，光是听她的说话声和笑声，你绝对不会相信她已经是一个年迈的老人——她就是家住书院镇东场亭园新村77号的蔡兰芹。

和蔡兰芹刚一见面，我打量她的面容，不过50多岁的样子，她却说她已经70岁了！我不免有点惊讶。还未等我回过神来，她已经开始用飞快的语速介绍她自己，介绍办在她家里、取名"芳香园"的睦邻点了。这个睦邻点是2014年年底开办的，已坚持了八年多了。她说一定不要小看她，她可不是普普通通的老太婆，

蔡兰芹

她是一个肩挑重担的老年人。因为她身兼三个职务：一是睦邻点的点长，二是居民楼楼组长，三是镇级老年学校东场分部负责人。

我很快发现，不仅她这个人有特点，她的家也很有特点。比如，她家的墙上挂着许多耀眼的锦旗。我数了数，共有七面。锦旗的内容不一，主题都是对蔡兰芹的称扬。

于是我有意识地把话题转到她家的锦旗上。蔡兰芹见我对锦旗很有兴趣，又情不自禁地笑了。她告诉我，锦旗都是居民送她的。她经常为自己能得到这些锦旗而欣悦自豪。

一问锦旗的来历，蔡兰芹笑个不停，边笑边说："这七面锦旗，每一面都有一个故事呢！"我急忙要她告诉我们锦旗背后的故事。于是她用十分生动的语言开始讲述起来，接连给我们说了七则动听的故事。我从中挑选了四则，写在下面。

第一则故事发生在五年前的一个夏日，一群老人在蔡兰芹家的芳香园睦邻点活动。忽然，有一位老太太拼命叫自己肚子痛，而且呕吐不止，头上直冒虚汗。一问，才知她在家里时就肚子不舒服了，当时以为无事，仍然来睦邻点活动。蔡兰芹知道她是独居老人，两个孩子一个在中心城区，一个在金山区，让孩子过来照顾是肯定不行了。蔡兰芹连忙想办法找了个帮手，准备了两千元钱，把老太太送到光明中医医院。医生一检查，是阑尾炎急性发作，必须立即动手术，不然就有危险！老太太听了非常紧张，蔡兰芹赶紧安抚，让她镇定下来。这时蔡兰芹忽然发现老太太的裤子湿透了，就连忙想办法买新的给她换上，送她进了手术室。等到她的儿子赶到医院，老太太早已做完手术，在病床上休息了。后来，老太太为了表达感激之情，托人做了面锦旗，送给了蔡兰芹。

第二则故事，贯穿的时间很长。有一位90岁的老人，蔡兰芹不间断地照顾了他整整八年。她每周去他家为这位独居老人量血压、打扫卫生、购买物品，还时常自己掏钱买好东西给他吃。有一次，凌晨四点，蔡兰芹突然接到老人的电话："小蔡，我不行了，快来救救我！"蔡兰芹知道他疾病发作，急忙起床赶到老人家里，设法把老人送到了医院。医生检查后立即做了处理，才使老人转危为安。蔡兰芹又遵医嘱，在医院陪了老人大半天，到下午才回家。由于蔡兰芹长年对这位老人关心备至，老人在弥留之际，还拉住她的手，说了感激的话。老人过世后，他的子女为表示感谢，送了蔡兰芹一面锦旗。

第三则故事：有一位顾姓老人，锻炼时摔倒在地上，血流不止。他老婆把他送到医院时，蔡兰芹也在医院看病。他老婆见蔡兰芹在，就要她照顾一下她的丈夫，因为她得回家取钱。她走后，蔡兰芹见老人的伤口仍在流血，急忙找来纱布为他止血。他老婆迟迟不回来，蔡兰芹又自己掏钱为老人办好入院手续，陪他做了CT，并把他送到病床上，一直陪着他。这时候，蔡兰芹才想起自

蔡兰芹的七面锦旗

己的病忘记看了。第二天，她还买礼品看望了老人。老人一家都非常感动，后来送了蔡兰芹一面锦旗。

第四则故事，涉及一位身有残疾的老人。这位老人双目几近失明。今年元宵节，晚上八点多钟，老人起身小便时，忽然头晕不止。她明白这是由高血压引起的。她打电话想叫儿子立即回家，但儿子没办法及时赶到，老人只好打电话给蔡兰芹求助。蔡兰芹马上赶到老人家里，一量她的血压，果然很高！蔡兰芹立即打电话叫出租车，可是接连四个司机都说喝了酒不能出车。这样一直折腾到半夜才找到了车，把老人送到了市第六人民医院临港院区。蔡兰芹陪老人看了急诊，老人才转危为安。于是，蔡兰芹又有了一面锦旗。

我采访完蔡兰芹，她送我出来。我对她说："你的睦邻点真好，你真好，你以后会不断收到新的锦旗！"听我这么说，她又忍不住笑了起来。

大家的暖心小屋

唐吉慧

一幢二层小楼，楼前有个小院子，院子的铁门早已拆除，楼里的大门总是敞着，楼里大厅的西墙上挂满大大小小的宣传板、宣传画，都是关于"争做文明邻居，共享社区温馨"的。东墙上是数十幅装帧别致的相片，相片是睦邻点历次活动的珍贵留影，留下了邻居们一张张幸福的笑脸。大厅近东墙处摆放着一张四米长的桌子，铺着彩色的桌布，堆着许多小点心，也有各色香气袭人的鲜花。围着桌子有20张左右的靠椅，每张椅子上各有一张女主人亲手编织的手指圈圈线坐垫。这里是新欣居委"快乐星期三"睦邻点，这里也是睦邻点点长乔淑美的家，"来睦邻点的都是八九十岁的老人，怕他们着凉，也为了让他们坐得更舒服……这是我花了好多个晚上织的垫子，你们说好看吗？"乔淑美笑着问。

乔淑美今年55岁，为人热情开朗乐观，喜爱跳舞、喜爱唱歌，2015年10月开始参与睦邻点的活动，也是老邻委群星团队的队长，常常参与各种慰问老人的歌舞演出。原先睦邻点设在小区一对老年夫妇家中，2020年时，出于对年岁愈来愈高的夫妇的照顾，睦邻点便移到了乔淑美家里。自己的家要成为睦邻点了，乔淑美与丈夫自然高兴，可建于1998年、居住了20多年的房子，如今墙壁发霉，一切都显得陈旧不堪。"我们简单装修一下吧。"乔淑美对丈夫提议。于是夫妻俩买来涂料，又请了位朋友来刷了刷墙。没有电扇，丈夫一下子买来四台吊扇灯，并重新吊了顶，最后挂上宣传板、宣传画，一个新的睦邻点便在她家的一楼大厅诞生了。

乔淑美讲述睦邻点的美好

开始大家有些顾虑，虽然乔淑美也是到了知天命的年纪，但对大多八九十岁的睦邻点成员而言，她真是个小妹妹。好在乔淑美用自己的真情打动了大家。每次活动乔淑美一定亲力亲为，为大家煮面、搓圆子、包粽子、包馄饨……有过生日的提前为他们买蛋糕。谁家里缺点什么，径直去她家取就行。她宛如大家的小妈妈。

2021年10月1日是新中国成立72周年纪念日，那天上午睦邻点里传出阵阵雄壮又优美的歌声："五星红旗迎风飘扬，胜利歌声多么嘹亮；歌唱我们亲爱的祖国，从今走向繁荣富强……"原来乔淑美将一个袖珍音响放在了长桌上，用手机连接音响播放着音乐。屋里有睦邻点的20多位成员，每人举着一面红色的小国旗，一边唱着《歌唱祖国》《我和我的祖国》《今天是你的生日》等耳熟能详的爱国歌曲，一边跟着音乐的节拍不停挥舞手中的小国旗，个个精神振奋、声音洪亮，用歌声表达着自己对祖国的热爱。

乔淑美在睦邻点带领老年朋友们唱歌

　　"改革开放到今天，祖国处处面貌变。新农村建设快如飞，农民生活比蜜糖甜。尤其我侬老年人，个个都是好福气。村里办起睦邻点，老人经常聚一起。看书读报下下棋，谈谈家常聊聊天。唱歌跳舞身体健康，幸福快乐每一天……"已是87岁的闵伯冲老伯伯那天自告奋勇地唱了一段自己编的歌曲——《现在的老人好福气》，尽管闵老伯年纪大了记性差，这首歌他却唱得一字不落，赢得了大家的热烈掌声。"我出生于贫农家庭，小时候吃不饱穿不暖，新中国成立后我终于过上了好日子，如今更是过上了幸福的晚年生活。"闵老伯说。接着成员们手握小国旗，来到小区的芳草长廊广场上高唱爱国歌曲，许多居民和小孩子听见纷纷走出家门观看，情不自禁地与他们一起唱了起来。

　　当天睦邻点还举行了"为祖国庆生——吃国庆面"的活动。乔淑美一早前往菜市场买来面条、雪菜、肉丝、鸡蛋等食材。她说，平时睦邻点也有给老人过生日吃"长寿面"的活动，大家一起吃"国庆面"倒是第一次。那天除了在场的20多位老人一起吃了"国庆面"，睦邻点的志愿者们也将一碗碗"国庆面"送到了身体患病、行走不便的老人家里。

　　乔淑美的付出，成员们看在眼里、记在心里，现在每次活动，年岁略小些的成员都会帮乔淑美一起做些准备工作。不过最让乔淑美记忆深刻的是有一天自己身体不舒服，恰巧一位成员打来电话。她头痛欲裂，倒在沙发上动弹不得，无法接电话。随着电话铃声一次又一次地响起，不一会儿工夫，一位邻居大姐喘着粗气推开了乔淑美家的门。进了门，见乔淑美眼睛紧闭，一副痛苦的样子，大姐说："美美、美美，你怎么了，你哪里不舒服，我给你刮痧吧?"见乔淑美说不出一句话，大姐立刻叫来了多位邻居，其中一位见了这情形，瞪大眼睛喊了一声："是高血压，赶快吃一粒高血压的药!"说着回去取来药，让乔淑美服下。稍过一会儿，乔淑美的症状缓解了，她望着大家，眼里满是感激之情。虽然她好多了，但大家仍然守着她，不愿离去。

四年匆匆而过，睦邻点的活动现在每次有20多人参加，都是平均年龄在70岁以上，平时小孩子不在身边的老人。而原本所说的"快乐星期三"——每个星期三一次的活动成了一周不定时多次了。大家来了聚聚会、聊聊天，做做手指操、拍打操。逢年过节，更少不了聚在一起，每人烧一样拿手菜，热热闹闹地过节。老人们感慨，睦邻点就像一个家，增强了邻里关系的同时，也成了新欣一村老人们真正的快乐之地、暖心之地。这无疑遂了乔淑美的心愿："老年人最渴望的就是陪伴，我希望这个睦邻点能成为大家的暖心小屋。"

最美的是她的心

褚水敖

还没有和她会面，就听说她有一个令人肃然起敬的美称：书院镇最美老人。待到和她会面，详细地了解了她的事迹、她的内心，我感到实至名归。

她叫黄素新，书院镇四灶村村民。她今年81岁了，却依旧眉清目秀，圆圆的脸庞透出动人的气息。猜想她年轻时必是一位窈

黄素新

窈淑女。她不仅外形悦目，关键是内里更具魅力。多年来，她为村里组建睦邻点，创办"返沪知青联络点"，不辞辛劳地付出。我发现这位最美老人，最美的是她的心。老人的生命已近黄昏，而她这颗心，属于早晨，属于朝阳！

黄素新在青年时代曾远赴新疆，为边疆建设洒下了无数汗水，贡献了美丽的青春。那么多年，她有许多难言的苦涩和艰辛的回忆。20世纪80年代末，她返回故乡书院镇。她本应安度晚年，不必为外界操劳了，但她胸中埋藏着要为他人做好事善事的强烈愿望。一颗爱心，一直跳动不息。只要有她能够参与的有利于百姓的事，她就会全身心扑上去。比如，她加入了浦东新区新四军历史研究会，想尽一切办法，为研究会提供了许多珍贵的史料。她还克服种种困难，和浦东新区新四军历史研究会的人一起，奔赴偏远的浙江省大鱼山岛，寻找到了当年在大鱼山岛牺牲的两名烈士家属，等等。

2015年春，黄素新听说村里要办睦邻点，她喜出望外，自告奋勇地向村领导提出，睦邻点可以设在她的家里。她把睦邻点命名为"舒馨"，一是取了自己名字的谐音，二是觉得"舒馨"二字寓意很好。为了办这个睦邻点，黄素新用足了心思。她首先把自己儿子和女儿的积极性调动起来，取得他们的支持，解决了资金的问题。她又腾出自己的一间房子，对其进行了精心的设计和改造，包括安装空调，培植花草，摆放书籍，还置办了厨房用具。一个精美的睦邻点建成了，里边既可聊天娱乐，品尝茶点，又可阅读学习。参加这一睦邻点的村民在此活动了一段时间后，感觉好极了！

舒馨睦邻点很快使村民们成为一个大家庭。这个大家庭的气氛特别融洽。大家常在一起海阔天空地神聊，唱歌跳舞，练保健操，下棋。睦邻点也时常开展一些农家小吃制作、品尝活动，诸如做汤圆、裹粽子、包馄饨等。黄素新还特地确立了这样一个制度：以季度为单位为大家过生日——集体为同一季度内过生日的伙伴们送上祝福。生日蛋糕和水果则由黄素新自己掏钱备好。睦邻点还会组织一些远距离旅游，黄素新带领大家在风景优美的地方尽情游玩放松。每次旅游，老人们总是兴奋无比，一个个如同春游的孩子。

舒馨睦邻点还有一个闪光点。只要点里有人生病，黄素新便会去看望，还组织别人也去。曾经有一位老人得了重病卧床不起，情绪非常低落，总是说一些想要轻生之类的话。黄素新发现后，马上组织了点里的十多个人，买了补品和水果去探望。黄素新热情地询问了他的病情，并且不断地针对他的消极想法进行劝解鼓励，化解他心中悲观与失望的情绪。一番十分有情又有理的话语，感动得老人当场泪流满面！他原来不能起床，这时一定是精神改变了身体，他竟然慢慢地站了起来！他的孩子既惊讶又激动，动情地说："素新老妈妈带大家来看望我爸爸，他激动得能站起来了，真是奇迹啊！"老人在黄素新和大家的不断关心鼓励下，积极配合治疗，病情终于得到控制，渐渐痊愈后，重新回到睦邻点参加活动。

还有一件重要的事情体现出黄素新有一颗最美的心，那就是她创建了一个"返沪知青联络点"。黄素新在和一起从新疆返回的老知识青年的交往中发现，他们对她返乡后的居住环境很喜欢。这使黄素新萌生了一个念头：应该主动请这些老知识青年常来自己家里玩玩。于是，黄素新下决心办了这个联络点。

地点设在哪里呢？家里已经办了睦邻点，不能再办联络点了。她忽然想起家附近有一个废弃的仓库，装修一下不就可以利用了吗？说干就干，黄素新和村里谈妥之后，租下了仓库，又和儿女们一起凑了四万多元钱，将破旧的仓库改造得面目一新。此后，这里就成了"返沪知青联络点"。

知青点办了起来，从新疆返沪的老知青欢天喜地，纷纷来这里参加各种活动。这个消息不胫而走。书院镇文化中心正好想办一个知青点，纪念知青上山下乡50周年，于是，黄素新办的知青点顺理成章地成了镇级知青点。渐渐地，这里又成为周边村民喜欢的文化活动场所，被大家热情地称作"文化客厅"。现在，经黄素新改造的这间仓库，变成了书院镇文化服务的延伸点。每逢周二，到这里参加活动的村民，能饱尝"文化大餐"，这是镇文化中心通过配送文艺培训、文艺演出、红色电影等形式组织的各种活动。此外还有许多别的新花样，比如绿色植物栽种、烘焙烹饪等。还设立了"敬老行孝小平台"，让年轻人担任志愿者，教老人们健身、唱歌、跳舞，深受村民们的欢迎。这实际上是把睦邻点的功能结合起来了。黄素新在这一系列活动中起了带头作用，浑身是干劲，她也从中得到了快乐。

黄素新精心打造的睦邻点和返沪知青联络点

黄素新这颗最美的心，照亮了她周围村民的心。四灶村的治理能力和邻里互助精神，自然也被照亮。

村子里的"老"好人

唐吉慧

在书院镇，有这样一批老人，他们都已退休，但是他们从小生活在本村，对村里的各家各户、一草一木都极为熟悉，所以退休不褪色。他们热心地活跃在村子里，为所熟悉的村子排忧解难。其间涌现了如塘北村朱国兴和路南村顾文章、王伶芹夫妇等一些古道热肠的"老"好人。

贴心好大哥朱国兴

70岁的朱国兴是塘北村本地人，由于天生仅有一只手，从小由爷爷奶奶抚养长大，六岁时爷爷过世，只剩下他与奶奶相依为命。自小朱国兴付出了比其他孩子更多的努力，别人家孩子还在玩耍时，他已早早学会做饭做家务，开始在田头摸索着单手插秧割稻挖沟渠、向长辈们请教赶牛犁地的方法，空闲时也常跟随熟悉的渔民出海捕鱼、捉螃蟹补贴家用，用独臂重新撑起一个特殊的家。

渐渐地，没有了能够难倒朱国兴的农活。他靠着顽强的毅力，

朱国兴讲述他的经历

成了做农活的"老把式"。他的勤劳和能干得到了村民们的一致认可，因此19岁那年他当上了生产队队长，24岁他当上了大队长。

20世纪80年代末，朱国兴响应党和国家的政策，办了一家橡胶厂，企业在他的经营下发展得较为顺利。到2002年，当大家以为他会扩大企业规模的时候，朱国兴却出人意料地带领村里几位朋友共同办起了白对虾养殖场。原来朱国兴眼见这几位朋友赋闲在家，整日无所事事，只能靠打麻将打发时间，思来想去，决定带着大家养虾共同致富。

那时候养虾在塘北村是个稀罕事。朱国兴缺一只手，但他觉得自己是带头人，鱼塘的事自然要带头干。养殖过程中，朱国兴把饲料桶挂在脖子上，顶着酷日在虾场忙活，每天早上四点半、中午十二点、下午六点分三次进行投喂。三个月后，朱国兴晒得皮肤黝黑，人也瘦了不少。到了白对虾上市的季节，竟然赚了数万元，这给大家带来十足的惊喜。

朱国兴再一次回到村里承担工作是在2004年，那年他已50岁。村里的书记说朱国兴什么都懂，邀请他进村委会，负责农业与水利的工作。朱国兴没有拒绝，因为他曾经有过当大队长的经历，对农村非常熟悉，最重要的是他在塘北村长大，对这块土地充满了深厚的感情。

8424西瓜是塘北村的象征，用朱国兴的话来说，这里的8424是上海最正宗的。因为8424对环境有着极高的要求，"塘北村具备这所有的要求"：水资源丰富、空气湿度较高、夏天日照时间

8424西瓜等书院镇明星农产品

长、昼夜温差大、土壤为盐碱砂性土壤，且富含钾元素。"所以西瓜又香又甜。"朱国兴难掩兴奋之情。

塘北村是从1998年开始尝试种植，到2000年正式种植8424西瓜的，不过当年规模小，仅有十多亩地。朱国兴来到后在村里成立了合作社，开始大面积种植，种植面积达到了四五百亩。由于西瓜品质上乘，销路好，老百姓的收入有了明显的增加，"一只瓜"带领村民富了起来。

16年前，朱国兴也将机械化插秧引入了塘北村，塘北村成了全市第一家推广机械化插秧的代表。每当水稻播种的时节，伴随着轰隆隆的机器声，农机在稻田里来回穿梭，将水稻的种子有序地撒入稻田。有了机械化插秧，一年可完成8 000亩的工作，大大减少了人力投入，并且每亩增产200斤水稻，深受老百姓的欢迎。

以上不过是朱国兴在村里承担的其中两件工作，让朱国兴觉得更有意义的还是做村里人的贴心大哥，为大家解决各种矛盾，化解心结。

朱国兴坦言，那些年碰上最困难的事是解决老百姓之间的金钱矛盾，有关于老人遗产的，有关于拆迁款的。村里有一户人家，家里有一位老人和五个子女，其中四个女儿、一个儿子，动迁后分了新房，五个子女经老人同意卖掉了老人的一套新房，老人则住进大女儿家里养老。由于在这套新房房款分配上产生了矛盾，五个子女便来找朱国兴，一致要求将这笔卖房款汇入朱国兴的银行账户，由他出方案后进行五人分配。朱国兴起初觉得为难，自己是个外人，如何能担这样一个责任，如果钱在自己这里出了问题，又该如何交代？但这五个子女对这位老大哥十分信任，在他们的一再要求下，朱国兴才答应了下来。而后朱国兴与他们一一谈话，了解他们的想法，找到症结，并做通他们的思想工作，最终根据每人的实际状况做出了令大家都满意的分配方案，平稳解决了这一家庭矛盾。

2014年，朱国兴正式退休，忙了一辈子的朱国兴哪里闲得住，义务做起了村里的志愿者，农业、卫生、调解……什么事都会参与，只要是老百姓需要的地方，都要去。比如2017年塘北村率先启动了垃圾分类示范工作，朱国兴随即加入了垃圾分类志愿者队伍。"一开始，村民们都很反感垃圾分类工作，这也能理解，毕竟长期的观念与习惯不是一时能改变的。"他说。那段时间，他每天一早带领着志愿者们挨家挨户上门检查，分发宣传单，倡导干湿垃圾分类，指导村民们分拣垃圾。再比如他成了塘北村海水稻种植的田间管理人，他说海水稻的播种插秧是在每年五六月份，除了可以使用海水浇灌，也可使用淡水浇灌，只是海水稻的秸秆比较软，容易出现倒伏，所以种植时使用机器插秧能增加海水稻的抗倒伏性。现在海水稻的大米粒子比一般的水稻稍微小一些，但口感却不输一般大米。

这一干，又是八年，直到2022年他才正式从村里的岗位上退下来。时至今日，不管大大小小的事，村民们仍然爱找他。朱国兴告诉他们，他已不在村里任职了，可是大家信得过他，无疑他已成为大家心目中的一位贴心好大哥。

"最美家庭"顾文章、王伶芹夫妇

两位老人都已80多岁，一身的朴素、满脸的慈祥。他们就是路南村的顾文章、王伶芹夫妇。

顾文章自小学习用功，不仅家里人，连学校的老师、校长都对他充满了期待。1961年从大团中学毕业时，他的确没有辜负大家的期待，考取了重点高中，当年的南汇县中学。正当大家为他庆祝之际，17岁的他却做了一个让大家意外的决定：响应国家的号召去参军，在今天的浙江大洋山一带当了一名海军战士，直到1968年退伍。由于他的数学成绩优异，退伍后，他当上了书院小学的数学教师。

王伶芹1964年毕业于松江师范学校，工作后辗转了几所学校，起初教语文，而后一直从事行政工作。两人于1967年喜结连理，风风雨雨半个多世纪，没有离开过路南村，生活中举案齐眉、相敬如宾，家庭和和美美，获得了2019年度浦东新区"最美家庭"的称号。

二老已相继退休多年。在退休后的日子里，顾文章喜爱莳花弄草，屋前100平方米左右的庭院内，种满了月季、牡丹、水仙等，不同的季节会开出不同的花。无论何时，二老家里总是满眼

顾文章、王伶芹夫妇

的鲜花和扑鼻的花香，令人心旷神怡。王伶芹喜爱阅读，最爱读的是毛主席的书，坚持每天阅读、每天抄录，至今用去了数十本笔记本。王伶芹在庭院的一角上收拾出一块小菜园，种了许多有机蔬菜，每天用心地经营，开垦、播种、洒水……到了成熟的季节，枝头上挂满果实，有红红的番茄、又绿又长的黄瓜、紫色的茄子。采摘的蔬菜不仅自己吃，他们还总不忘与邻居和一些独居老人们分享。

不仅如此，他们也是村里人敬爱的顾老师和王老师。哪位老人心里有了苦闷，他们都愿意陪着聊聊天、说说话，为他们打开心结。老年人难免多病，时常要配上一些药，村里有些老人不识字，配的药不晓得怎么吃，他们便帮着看说明书，教他们如何服用。谁家如果有了矛盾，多半是要去找他们的，因为在大家心里，两位老人热心肠，且有学问、讲道理，二老的话，他们爱听，于是矛盾大化小，小化无。因此，他们家的庭院内，常常聚满了村民，大家谈笑风生，充满了温馨与喜悦。

在众人眼里，二老更是充满了爱心的顾老师和王老师。每年二老都会购买东西送给综合为老服务中心路南分中心、村里老年活动室的老人们；自唐山地震以来，一直积极参与各种捐款活动；"蓝天下的至爱"也没缺少他们的身影。但其实二老经济上并不宽裕，2018年才翻新自家住了30多年的房子。不过捐赠的这些事情他们从未放在心上，王伶芹说："这只是杯水车薪，不值一提的，没帮上什么忙。"在他们口中，一切都是那么云淡风轻。

风来草木香

记书院镇"益草四季"中草药基地带头人陆国芳

杨绣丽

"春风和煦满常山，芍药天麻及牡丹。远志去寻使君子，当归何必找泽兰。""端阳半夏五月天，菖蒲制酒乐半年。庭前娇女红娘子，笑与槟榔同采莲。""秋菊开花遍地黄，一回雨露一茴香。扶童去取国公酒，醉倒天南星大光。""冬来无处可防风，白芷糊窗一层层。待到雪消阳起石，门外户悬白头翁。"这是古人用中药名写成的"四季歌"。当我们在书院镇新舒苑·南苑的"益草四季"中草药基地参观时，这些芳香的诗句便随着初夏纷飞的微雨涌上心头。

这块名叫"益草四季"的中草药基地是在陆国芳的带领下打造出来的。她兴致勃勃地给我们介绍那一片片药草，告诉我们哪个是枸杞，哪个是车前草，哪个是薄荷，还有小黄菊、凤仙花、蒲公英、鱼腥草、金银花、蛇莓……草药鲜嫩的绿叶在风里摇摆，空气里有清爽的草香，让人心旷神怡……

陆国芳的家就住在小区南苑。她2012年退休，退休之前从事统计工作。从工作岗位退下来后，陆国芳就开始在新舒苑·南苑居委会做志愿者。2018年做楼组长，管理两个楼组，共286户人家。

小区楼组长的工作烦琐。平时要完成社区安排的各项工作，向居民宣传相关政策、方针，组织居民参与各项建设活动，落实和检查社区环境卫生工作，避免出现乱扔垃圾楼道被堵塞等情况。小区楼组长一般都具有吃苦耐劳的精神，并且有积极热情的工作态度。因为要帮助居民解决邻里矛盾，所以常常需要和不同的人打交道，为此，小区楼长都具有较强的沟通能力。陆国芳总是文文静静，和颜悦色，她工作认真踏实，积极努力地为居委领导排忧解难，为居民真诚服务，很快就赢得了大家的一致好评。

陆国芳温柔的外表之下，有一种雷厉风行的气魄。她讲究工作效率，更讲究工作方法。有一次，有两名志愿者闹口角，半夜打电话给陆国芳。她了解详细情况后，第二天上门去做志愿者的思想工作。在陆国芳的循循劝导下，两名志愿者终于冰释前嫌，和好如初了。

陆国芳

由于陆国芳秉持着公正、客观、正直的工作原则，加上她柔中有刚的性格、真诚委婉的态度，碰到一些比较偏激的居民出现问题，她也都能处理好。在辖区多次的卫生整治行动中，不免碰上几个闹事的人，志愿者遇到这种情况都会先避一下，然而陆国芳却不畏闹事之人，敢于同他们理论。别看她在处理这些事上不讲情面，她却是一个极具耐心的人。在她负责的楼组里，有时碰到难沟通的居民，她会多次上门耐心宣讲。经过和风细雨般的劝导，磐石最终也被软化了。大家都对她赞赏有加。

陆国芳总是冲锋在前，享受在后。每次居委开展大型活动时，她就像一位大管家一样，协助居委安排好任务的分工，保证活动有条不紊地顺利完成。在小区自治中，她带领社区居民参加"缤纷社区"建设项目的志愿服务。在她的合理领导与安排下，"缤纷社区"的各个子项目顺利开展。陆国芳的先生也非常支持她，她的家庭还被评选为书院镇"最美家庭"。

陆国芳说："从我答应做楼组长的那天起，我就没有考虑太多，只要能为社区多分担一些事，能为居民服务好，苦点、累点、委屈一点没事。"朴实的话语，像一朵玫瑰，透露出淡雅的芬芳，怡情悦性。

正因为有多年做楼组长的经历打下的良好群众基础，陆国芳才有了后面"益草四季"中草药基地的春天。

新舒苑·南苑居民区是书院镇第一个农民动迁安置小区，不少居民还保留着栽种的习惯。本应绿草茵茵的公共绿化区域，被改造成"小菜园""自留地"，影响了社区环境。居委曾多次进行整治，但这类现象反复出现。在这一过程中居委发现，除了蔬菜，居民还种植了中草药。原来，部分居民由于需要长期服用中药，为了节约开支，便在家门口的空地里种植起来。

与其同居民打游击战，何不进行规范化管理？

在陆国芳和几个楼组长的建议下，居委联合各楼组长、居民志愿者组成了调研小组，深入走访，了解居民的心声与意见，发现不少居民都有种植中草药的想法。认为中草药既可以美化社区环境，还有药用价值。

初步方案已定，居委多次召开居民"听证会"，组织社区居民共同探讨，最终启动了中草药基地自治金项目，把小区内的一块空地改造成中草药种植基地，取名"益草四季"。种植的草药品种根据种植的客观条件、适用范围进行筛选。同时，为加强规范化管理，项目招募了具有中草药专业知识背景的居民志愿者，组建自治团队。

劳动中的"益草四季"志愿者

陆国芳因此成了"益草四季"团队中重要的一员。如今项目已推进了六年。陆国芳说："几年来，我们尽心尽力。从前期的松土、播种到后期的浇灌、护理，都是由大家一点一点亲手完成的，包括基地的布局等，也是大家一起讨论设计的。"

每天去基地看看已经成了陆国芳的习惯。对她来说这片地就是她的宝贝。"以前我也在家门口种一些中草药，现在有了这块阵地，什么季节种什么、怎么种、怎么吃，都是我们自己管。看着这个基地越来越受居民的喜爱，我也很开心。"

基地收获的草药在烘干后，还会无偿分发给有需要的居民，或制作成香袋送给社区高龄独居老人。此外，居委还定期邀请上海中医药大学的老师开展中药健康讲座，让居民了解科学用药的知识，动员居民积极参与中草药基地的建设。

"这次我们播种的是艾草、枸杞、薄荷、车前草、菊花等，等

生机勃勃的"益草四季"

到下半年就能陆续采收了。"眼前的陆国芳一边忙碌一边为我们介绍中药的食用价值和药用价值。很难想象，眼前这片被栅栏圈围起来的土地曾是一片杂乱荒地。而今，风来草木香。相信在陆国芳和她团队的引领下，这片中草药基地会迎来"园中万紫草争芳，四季药圃无凡草"的美好未来……

心溢馨香情满园

记书院镇东场居委"共享果蔬园 2.0"自治金项目

袁建章

看到"园"字，会想到菜园，鲜嫩翠绿；会想到花园，香气扑鼻；也会想到家园，避风港湾……园，是一个温馨的字眼，融着泥土的芬芳，淌着流年的理想。

在临港书院，在东海之滨，一支由11位姐妹自发组成的团队，在东场居委干部的悉心指点与积极配合下，正欣喜地奏响从小菜园到果蔬园，再到期盼花果园的乐章……

小菜园，耕耘忙

"哇，国妹，你又来得这么早？"还以为自己是第一个到的王引娣走进小菜园，直竖大拇指。

"还没吃早饭吧？来，吃一个芭比馒头。"刘美蓉笑呵呵地迎上前，"团长，你歇一歇吧。今天的活儿不多，我和引娣来干就行。"

居委干部陈甜甜拉开办公室的后窗，探出头："大家早呀！陆姐工作积极，总是领先一步。不愧为团长啊！"

直起腰，她搓了搓手上的泥巴："没什么，早晨天气凉爽，就应该抓紧干。"汗水顺着笑靥流淌……

　　她——陆国妹，曾供职于东海乳品公司，从事后勤、计生和工会工作，是公司的"贤内助"。现在退休在家，爱好旅游和舞蹈。她是个活跃分子，经常到居委参加活动。某天，她发现居委办公楼的后面有块闲置地，就向居委申请，由她负责种植蔬菜。理由是合理利用闲置地、美化环境和为居民谋福利。居委李书记和计主任一商量，马上就同意了，派居委工作人员陈甜甜负责联络。

　　很快地，种植小队由11个姐妹组成了。11朵金花，有党员，有楼组长，有普通居民。陆国妹，自然成了这个"共享小菜园"的领军人物。

　　印象最深的是小菜园开工的那个星期。先是把杂草割掉，再是用拖拉机进园翻地。闷热的天、凹凸的地，想要把数不清的砖块小石、细碎草茎清理干净，确实是件不容易的事。很多时候，农具根本无法用，只得用手。一双双手，一寸一方，一遍又一遍地翻、挖、抓、抠，指甲裂了，皮肤破了……大家依旧埋头齐干，谁也不叫苦。居委干部也常抽空帮忙，尤其是党员同志们，或递水，或并肩劳作，终于把那一亩地收拾得妥妥当当。

　　"共享小菜园"的成员多数是种地的新手，但凭着一腔热情，向老农咨询、上网站查看，买种、播种、浇水、施肥，园内园外，到处是她们忙碌的身影。

天道酬勤。青菜、韭菜、茄子、黄瓜……一棵棵、一根根、一排排的菜长高长熟了。收割忙，送菜更忙。第一批蔬菜，送给谁？80岁以上的独居老人和行动不便的残障居民。如何送？用三轮车运输，按小区、挨楼栋分送。谁来送？居委干部和团队成员两两组合。陈甜甜忙开了，迅速调取名单、归类整理、细心核对、打印分发、配置人车，在她的悉心安排下，在大家的共同努力下，很快就完成了送菜的任务。

"共享小菜园"团队为了美化，为了帮助，施展"菜"技，传递"蔬"心，尝试着、努力着。青青菜园，成了她们的心灵世界，成了她们的璀璨烟火。

果蔬园，吐芬芳

时光轻吟，年华相握。建立微信群、设立"姐妹议事厅"，便于联系；刷抖音、看小红书，乐于学习；制订安排表、招聘志愿者，专注发展。就这样，陆国妹带领大家快乐地经营着这一方菜园。没承想因为疫情，美美的小菜园又变成了荒芜的百草园了。

终于解封了，大家纷纷来整理菜园。又是一阵锄草翻地、浇灌施肥，大家辛苦着，也憧憬着……

"姐妹们，在干吗？"陆国妹发了条信息到菜园微信群。"咋啦？""有活？""哈哈，在刷抖音。""说个事，我们的小菜园种点瓜果，怎么样？比如闲吃的甜瓜，有药用价值的瓜果，如蓝莓、金橘。""好呀，好呀！""还有无花果。""枇杷也不错，能止咳。"大家的反应很积极，陆国妹决定第二天向居委提议。

除了瓜果，大家还有种植使用类植物的设想。队员在送菜上门的时候，经常看到一些老年人特别是残障老人，行走不便，很是无奈。听闻一种名为藜的植物，其茎可做手杖，如果能种一批送给老年人也是不错的。马上行动——网上搜索、淘宝下单、按章操作，然而迟迟不见发芽长苗。究竟是种子的原因，还是土壤的原因，大家百思不得其解，却轻易不言输。在对比图片、分析特性后，队员发现它属于半野生的植物，常长在田园、路旁等。于是，在那段日子里，走农家宅前屋后、行河沟浜滩、入树林草丛，似乎成了大伙儿每天的必修课。虽然辛苦，但常常收获"众里寻它千百度，蓦然回首，那苗却在花草争艳处"的惊喜。现在，静等藜长粗长高并"成才"。

劳动中的共享果蔬园志愿者

最终，小菜园重新划分了种植区，也自然升级为2.0版本——果蔬园。园地由东至西依次为闲用区：种植甜瓜、南瓜、百香果等。食用区：种植茄子、辣椒、青菜等。药用区：种植蓝莓、枇杷、樱桃等（或直接食用，或熬汤泡茶饮用）。使用区：种植藜（嫩苗可作蔬菜，种子可食，用藜的老茎做的手杖质轻而坚实）和落帚（果实可入药，嫩茎叶可以吃，老株可制作扫帚）。

开沟起垄，划分区域。长方形的园地被分割成一块块小的长方形，像书本、像云片糕。居委定做了绿色的标牌，安插在每一小块长方形的北首，宛如可爱的姑娘们在微笑问好。东西向的田头主干道也被筑高加宽了，铺上透水砖，整洁、美观，也更实用了。还安装了几个农田喷灌装置。自然与科技，耕耘与真情，透过柔柔的风，相遇田园，洋溢着芬芳、诗意和甜甜的家的味道。

果蔬园，是学习提升的平台。共享果蔬园团队为了提高，为了发展，研究"果"性，延伸"蔬"情。此时，果蔬园成了她们的创新阵地，成了她们的传情驿站。

花果园，新展望

园，曙雀，心飞扬。

趁着共享果蔬园的姐妹们小憩的时候，我上前询问她们对建设果蔬园的新思路。有人说适当增加种植的密度，有人说需要提高果蔬的质量，有人说要创设自己的品牌，还有人说北面的小河要充分利用，等等。大家你一言，我一语，热情地描述自己的美好构想。

"是呀，田园要耕耘好，小河也要利用好。小河里可以栽种荷花和海菜花，还有食用的菱角……"抬头，见三位居委干部走过来。

"接下来，我们计划与党建联建单位，如上海鲜花港沟通合作，利用资源，在小河滩上栽培月季、郁金香等鲜花。"居委干部接上李书记的话茬，"等鲜花绽放的时候，可以组织插花活动，也可以在母亲节、重阳节等举行赠花活动。"

"大家看南边的那两面墙壁，有什么想法？"计主任抛出了问题。

看过去，灰暗的墙面，游走着杂乱的线路管子。众人又是一番思索、议论。

"嗯，大家说得不错。"计主任捋了捋刘海，笑道，"我们居委准备先整理线路管子，能清理的尽量清理，然后进行墙面的翻新。接下去就交给你们共享团队了，要什么硬件设施，只要合理，我们会大力支持。不过平时的治理才是重点，希望你们集思广益、尽展才华。"

"科技兴农，乡村振兴。我们书院镇正在着力打造具有乡土特色的'一村一品'，我们的这块园地就是一个试点。"遥指灰墙，李书记目光炯炯，"假如挂上一些原生态的竹器、艺术花篮，栽花种果，间隔处画点鸟雀、配点诗文。想象一下，菜、花、果成熟的时候，该是一幅怎样的景象呢？"

在斑斓的光晕里，我们仿佛看到了诗画在墙面上流动、花果于时空里聊天的美景，那是现代版的《清明上河图》呀！我们仿佛看到了祖国的花朵在园地中体验劳动，撑着花伞的姑娘们来参观打卡的场景。那要不要砌些假山、立个微型的雕塑？要不要建造一两间精致的小屋，供阅览休憩、赏乐品茶呢……

充分利用好各个空间，果蔬园将迎来新的面貌，"到时更名为共享花果园。"

"要不要表演个节目，庆祝一下美好的展望？"我趁机提议，"陆团长，听说你是小区广场舞的领队，经常参赛获奖，你们来段舞蹈吧。"

"在园地里哪能跳舞，地方太小了。"

"那就唱支歌吧。"我想了想，考考她们的应变能力，"嗯，在什么样的菜园里面挖呀挖呀挖，怎样？"

"可以啊。来，姐妹们，我们蹲下来，唱上周学过的挖呀挖呀挖，手势要整齐。"祝金芳兴奋地抢着呼应。

"在小小的菜园里面挖呀挖呀挖，种小小的种子出嫩嫩的芽。在小小的果蔬园里挖呀挖呀挖，种小小的种子结甜甜的瓜。在小小的花果园里挖呀挖呀挖，种希望的种子开幸福的花……"

真是高手在民间，网红在身边呐！

　　从小菜园、果蔬园到花果园，甚至是实用园、百乐园，版本在不断升级；从小小园地到社会大家园，情谊在四季流动。共享果蔬园团队始终坚守勤学、善思、力行的信条，一步一个脚印，撸起袖子加油干，忙并充实着，累并快乐着，奉献并幸福着！

共享果蔬园志愿者团队合照

　　一个小小的果蔬园是东场居委的一个点，美好、亮眼。在书院、在临港、在上海，像这样的亮点还有很多很多。让我们连点成面、聚光成芒，再次吹响砥砺前行的号角，迈动务实创新的步伐，共谱新时代的青春华篇……

美丽鲜花见证劳模精神

记书院镇"芳草长廊"自治金项目带头人周永生

陈志强

曾经垃圾堆积、杂草丛生、环境脏乱的小区闲置荒地，在一位老党员、老劳模带领的志愿者团队手中彻底改变了模样——鲜花盛开、环境优美，成了居民向往的"小花园"。这种变化源自书院镇新欣居民区的一位老党员、老劳模的奉献，他叫周永生，今年72岁。从2021年开始，老周义务清理小区闲置荒地的废弃垃圾，将其打造成人人称赞的小花园，并带动八位党员、群众加入志愿者团队，一起为小区环境的美丽整洁奉献着自己的力量。

小花园，新欣小区的名片

5月初夏，走进书院镇新欣一村，沿着小区道路往里走，左面楼下有一条花草带向前延伸，波斯菊花开正艳，有红色、粉色、紫色、白色等，令人赏心悦目。

往里走，在两幢楼之间，有一条木结构的紫藤长廊，绿色藤叶爬满了长廊，阳光下的藤蔓与绿叶随风舞动，婀娜多姿，尽显生机与活力。紫藤长廊下面的木结构墙上，有市民文明公约、新时代文明实践活动掠影等宣传图文。紫藤长廊的东面是一个小广场，可供小区居民健身做操、跳广场舞等。

沿着紫藤长廊往里走，西面是花草繁茂的小花园。健身步道，曲径通幽；健身器材，巧妙分布。小花园里，各种鲜花竞相开放，争奇斗艳，品种有波斯菊、虞美人、鸢尾、矮牵牛、百日草、金盏菊、大丽花、三色堇等，成片成片的鲜花构成了花海，给人一种赏心悦目的感觉。

小花园里，有的居民在健身步道上散步，有的居民在健身器上锻炼，还有几位老伯正在花园里的小方桌上下棋观棋，一派温馨和睦、其乐融融的景象。

周永生在芳草长廊为花草浇水

"这块小花园是新欣小区的名片，老劳模周永生带领志愿者义务打理小花园，美化了小区环境，也带动了大家奉献社区的热情，真不容易！"讲起周永生和小花园的故事，小区居民都啧啧称赞。

愚公移山，清除建筑垃圾

新欣一村的这个小花园，在两年前完全是另外一种景象。

新欣一村建于20世纪80年代，属于老小区。这里有块闲置荒地，由于长期无人管理，杂草丛生，建筑垃圾堆积成山，有的居民在这里开荒种菜。每逢夏天蚊虫滋生，脏乱差的环境让居民怨声载道。

2021年12月，新欣居委决定推出名为"邻里有情，四季花园"的自治项目，目的是改变脏乱环境，打造小花园。但是，由谁来牵头呢？

关键时刻，周永生挺身而出。他说："我是一名老党员、老劳模，只要是对党和人民有益的事，我就应该去做。把小区环境搞好了，大家住着也舒心。"

说干就干，他带领倪铭荣、潘丽芳两位党员一起，开始义务整理这片荒地。

"刚开始时最难，多年累积的废砖石块、建筑垃圾很多……"周永生说。为了抓紧时间，他和倪铭荣、潘丽芳每天清早六点钟就开始劳动，多年累积的建筑垃圾导致地面坚硬，老周用"羊角"奋力刨，将废砖石块、水泥块挖出来，有的水泥块深埋在地下，老周也用力刨出来。老倪、老潘帮着将废砖石块、水泥块搬运到车上。

12月的天气寒意袭人，老周穿的是棉毛衫，因为奋力干活都湿透了。他们起早贪黑地干，接连四天工夫，整整挖出了八吨多的建筑垃圾，拖拉机装了满满四车，终于将所有垃圾清除了。

"真是老黄牛、老劳模精神！"居民们看到老周等人热火朝天的干劲，都为之感动。当时，周永生70岁，倪铭荣70岁，而潘丽芳已78岁，都已是古稀之年的老人了。

首次开花，小花园惊艳亮相

将垃圾清运后，他们把这块地重新翻了一遍，将夹杂在土里的石块、水泥块一一清理掉，然后将上面的泥土翻松施肥。"这块地是堆垃圾的荒地，要施肥才能恢复养分，种的花草长得才会好。"老周说。

为了节约成本，老周用花籽自己培育秧苗。他家门前有一块30平方米左右的场地，西面有一间十多平方米的暖棚，初春气温低的时候，暖棚里放着一个个泡沫箱，老周在每个泡沫箱里装上泥土，用小锄头将泥土削得很细，然后将花籽播种在细土里。当夜间的气温上升到十度以上的时候，外面的场地上也堆满了培育秧苗的泡沫箱。

老周说，他像服侍小囡一样细心呵护花苗，每天浇水润湿泥土，太阳光厉害的时候用布遮着。培育秧苗一般需要45天左右的时间，然后就可以移栽了。

2022年4月清明前后，老周、老倪、老潘三人忙着移栽花苗。移栽花苗必须小心翼翼，将一根根高约十厘米的花苗从湿润的泥土里拔起来，搬运到地里，然后用小刀一根根种下去。

接着，就是花草的日常管理，松土、浇水、除草、捉虫、施肥……老党员倪铭荣说，老周心里惦记着小花园，每天从早到晚

芳草长廊志愿者正在锄草

要来十几次,看到缺水了就浇水,缺肥了就施肥,有虫害就捉虫。

为了管好小花园的花草,老周向种花草的朋友虚心求教,学习花卉种植技术,还买来了《家庭养花实用宝典》等书籍认真学习。草长莺飞的四月,也是各类虫害出现的时候。一天清晨,老周发现小花园有蜗牛在啃咬花苗,于是,他就用手将花苗上的蜗牛一只一只捉掉。此后,老周每天清晨到小花园捕捉蜗牛,多的时候可以捉到一二百只。连续一个多星期,每天手工捕捉一个多小时,蜗牛终于被消灭了。

老周下定决心,一定要把小花园打造成功,让居民们看到鲜花盛开的美景。

2022年5月上旬,小花园的鲜花首次盛开。大丽花、百日菊、波斯菊等次第开放,大红的、粉红的、黄的、白的,五颜六色的鲜花随风摇曳，成片绽放，把小区装扮得分外妖娆。

看到鲜花盛开的美景，居民们感到特别高兴，称赞老周等人做了一件大好事。一些在荒地上种过菜，曾经反对、阻挠老周种花草的居民，看到了他为美化小区的无私奉献，也感到了愧疚，转变了思想。有的居民还用手机拍了照片分享到朋友圈，赢得了大家的点赞。隔壁小区的一些居民，也纷纷前来观景赏花。

看到居民们赏花的高兴劲，老周感到自己这件事做对了，更加坚定了坚持下去的决心。

义务劳动，居民身边的感动

新欣一村72岁倪淑莲的家就在小花园附近，她见证了老周等人通过义务付出，把这块闲置荒地变成小花园的过程。她说，看着家门口的这个小花园，感到很舒服。他们一心为居民们做好事。去年8月出现连续高温的时候，她发现老周凌晨一点钟就开始到小花园里来浇水了，连续几天都是这样，心里觉得很感动。

老周说，给花草浇水有讲究，高温天的时候，等到后半夜地温下降以后浇水最好，所以他就凌晨一点钟到小花园浇水。为了提高效率，老周自掏腰包花了100多元钱买了一个小水泵，水管一头接入60米开外的一条小河里。小水泵用电瓶车的电驱动，这样浇水的时候就省力多了。给小花园的花草浇水，每次需要四到五个小时。

　　老周的心里一直在想怎么把这片小花园弄好，平时如果出门了，或者到亲眷家吃喜酒，一旦看到天要下雨了，他马上就会回来。因为下雨前施肥较好，所以要抢在下雨之前给花草施肥。

　　这两年，老周已经养成了一个习惯，他喜欢与爱好花草的朋友交流，只要看到有好看的花草品种，就会想方设法地要一些种子，不断补充到小花园中，让小花园里的景色越来越好。老周说，为了节约成本，小花园里花草的种子大多是他从朋友那里要来的。还有割草机、锄头、铁搭、修剪刀等劳动工具，有的是自费买的，有的是向朋友借的。

　　老伴龚林仙看到老周一门心思忙着种花草，就对老周说："家里的事情由我来弄，你去忙吧。"她还经常帮着做育秧、移栽、浇水等活。去年10月的一天，老周看到长廊架上的紫藤需要修剪了，于是搬了一把梯子爬上长廊架，手里拿着剪刀吃力地修剪着，因为需要修剪的枝条很多，老周趴在长廊架上一直忙碌了大半天，等完成修剪下梯落地的时候，老周突然双腿颤抖。到了晚上，他感到浑身不适。第二天被送到医院，经过检查，医生说他疲劳过度，脱力了。治疗休息了几天，老周的身体康复了。一回家，他就又到小花园里去劳动了。

　　为了让小花园更美，老周还在小花园里种了54棵紫薇树和五棵桂花树。6至9月，紫薇花开，花团锦簇，有淡红色、紫色、白色，非常漂亮。桂花是中国十大名花之一，9至10月，桂花开放，香气扑鼻，沁人心脾。这些紫薇树和桂花树，都是老周想办法问朋友要来的。

周永生（左三）与志愿者团队合照

如今，老周带领的"邻里有情，四季花园"项目志愿者，已经从原来的三人增加至九人。在老周等人的精心打理下，花木品种有20多种，从3月到11月，四季花开不断，小花园越来越漂亮了。

只要身体允许，我就会继续做下去

"这些荣誉证书，都是过去的。"在老周的家里，他拿出了珍藏的许多荣誉证书，有南汇县先进生产（工作）者、新港乡"先进党员"、书院镇"优秀共产党员"、上海市劳动模范等。

值得一提的是，老周年轻时曾经是新港奶牛场的技术员。"人家都说我干活有股牛劲，像老黄牛。"老周说。因为爱岗敬业、吃苦耐劳、刻苦钻研、甘于奉献而赢得了领导和同志们的好评，他在1985年加入中国共产党，后来担任新港奶牛场场长和党支部委员。20世纪90年代初，新港乡政府决定对集体企业进行改制，新港乡奶牛场属试点单位之一。老周借了26万元买下了奶牛场，创办了逼胜奶牛场。取名"逼胜"，是激励自己一定要成功的意思。他白天黑夜地干，终于使奶牛场扭亏为盈。"当时是为国家的菜篮子工程做贡献，看到奶牛场晶莹洁白的牛奶源源不断地被送往乳品厂，走进千家万户，心里感到高兴。"

退休后，老周依然乐于奉献，坚持在社区里做志愿者。2015年10月，他主动将自己家里115平方米、装修好的房子布置为新欣社区睦邻点的活动场所。连续八年，老人们在老周家里开展唱歌、做操、游戏、做手工等活动，老周还热情地做志愿者为老人们服务……

在美丽的小花园里，我与老周握手告别。我问他，你年纪也大了，还准备这样干几年？

"只要身体允许，我就会继续做下去。"老周的回答让我肃然起敬，在这位老劳模的身上，我看到了比鲜花还美丽的奉献精神。

书里品真谛，园中增见识

记书院镇东方颐城居委"亲子悦读"自治金项目

陆亚新

只听说东方颐城小区很美，一如它的名字。今天，我终于见识了它的庐山真面目！社区绿树掩映，静如处子，颇有江南水乡的韵味。

一间间温馨的活动室映入眼帘：书香浓浓的阅览室、启发思

活动室的舒适环境

维的探究室、充满乐趣的游戏室……每间屋子不大，但是布置得温馨舒适。

东方颐城的社区居民大多来自五湖四海，以年轻的外来购房者居多，在职人员达到居住人口的62%。通过居委摸排了解到：这些年轻的父母平时忙于工作，到了双休日，又不知道怎么带娃，希望社区能够带动他们参与社区治理、社区活动及亲子间的互动等项目，于是，"亲子悦读"项目被提上了议程。

当时，书院镇正鼓励以党建引领为契机，充分发挥社区和党建资源优势，组织协调做好为民服务工作。居委面对"一穷二白"的小区人文环境，广泛发动群众，整合周围资源，以"家校社联动"的方式创办了社区的"儿童之家"。第一个活动项目"亲子悦读"便应运而生了。

绘本共读，构建社区与校区的桥梁

俗话说："巧妇难为无米之炊。"开展"绘本共读"，首先需要适合五岁左右孩子阅读的书籍。居委在这方面也动足了脑筋，先是购买书籍；后镇妇联也提供了一部分书籍。接着，依靠近水楼台——小区附近的冰厂田幼儿园，邀请园里老师为社区的孩子们开展"绘本共读"的活动。居委把通知发到各个楼道群，让楼道组长在小群里宣传。第一次活动就得到了好多宝爸宝妈的热烈响应。幼儿园老师绘声绘色的讲述，配合灵动俏皮的肢体表演，将

老师正带领孩子"悦读"绘本

一个个生动有趣的故事娓娓道来，让孩子们犹如置身于故事的情节中。他们小小的脑袋仿佛被施了魔法，默契地配合着老师，把故事的情节推向了高潮。

第一炮成功打响后，"绘本共读"就成了儿童之家的固定节目。每次活动时间还没到，宝爸宝妈们早已恭候在"儿童之家"了。活动开展没多久，就遇疫情。为了减少接触导致的传染，"绘本共读"只得摁下了暂停键。一些心急的宝爸宝妈焦急地询问："什么时候再开展活动啊，我家孩子吵着要我过来问问呢！"看到家长们如此着急，潘红等志愿者既感到欣慰，又感到焦虑。欣慰的是，活动受到孩子们如此的喜爱，说明这样的活动是可行的。

焦虑的是，如何让这样的活动延续下去，而又控制大家的互相接触。这时候，志愿者想到了学校的线上课程教学。如果把"绘本共读"也带到线上，让宝爸宝妈化身老师，这样，不但锻炼了家长们的口才，也避免了接触，又能让活动继续开展。当这个想法被转达给家长们后，立刻得到一致称赞。于是，宝爸宝妈们八仙过海各显神通，把他们在家里的"绘本共读"视频上传到社区。当志愿者们看到一个个精彩纷呈的视频时，他们觉得自己的付出是值得的！

事后，志愿者们收到了好多奶爸奶妈们赞叹不绝的反馈："这样的绘本共读使孩子们的语言表达能力进步很快，能培养孩子的阅读兴趣，也使我们家长与孩子共成长，增进家长与孩子间的感情，让我们受益匪浅，希望以后多多开展此类活动。"

对于家长们的夸赞，潘红等志愿者们并没有沾沾自喜，因为他们知道：要想让社区活动持续开展，需要多样化的活动内容。只有不断创新，才能吸引更多的孩子参与到活动中来。于是，"诗贴画""环保袋大变样""即兴表演"等项目一个个诞生了。

亲子互动，维系孩童与家长的纽带

中华民族拥有几千年的历史文化，文学经典灿若星河，尤其是唐诗、宋词、元曲等，哺育了我们一代又一代的中华儿女。这样宝贵的精神财富，需要家长不断地引领孩子们去挖掘和吸收。

对于五六岁的孩童来说，光靠死记硬背，并不能让他们理解诗歌的内容，如果采用直观的"诗贴画"的方式，不但能让他们理解诗的内涵，还能锻炼他们的绘画能力，岂不是一举两得？

由于前期活动的成功，居委发动了社区的力量，一位年轻的党员宝妈担当重任，参与了"诗贴画""环保袋大变样"等活动的组织。

在"诗贴画"活动中，孩子们通过诵读经典诗歌，理解了诗歌蕴含的道理，纷纷用自己稚嫩的笔触，把诗歌的内容，通过一张张生动有趣的图画呈现出来。为了让孩子们理解诗的内容，活动要求他们拿着自己的诗贴画向大家一一介绍。在介绍的环节中，

"亲子悦读"儿童节活动

一开始有的孩子有些拘谨，但是听到爸爸妈妈和伙伴们给予的鼓励的掌声，他们慢慢找回了自信，表达时声音也响亮了。他们一边指着自己添加的画面，一边绘声绘色地把诗歌朗诵出来，其他孩子也听得入神了。

在"环保袋大变样"活动中，孩子们手持画笔，那种专注的程度丝毫不亚于画家。你看！灵巧的小手左画画、右涂涂，不一会儿，一个个普通的环保袋大变样了！有的仿佛是一座美丽的大花园，有的好似一所和谐的动物园，有的就像是硕果累累的果园……家长们无不惊叹道："想不到我的孩子有绘画的潜力！这样的活动打开了孩子的思维，开拓了孩子的想象力和创造力，真的非常感谢你们，你们辛苦了！"

走进田园，拉近孩童与自然的距离

我们常说温室里的花朵经不起严寒的考验，只有广袤的大自然能让它们茁壮成长。孩童也是如此。为此，东方颐城和外灶村进行社区联动，带领30多户家庭，浩浩荡荡地来到了书院镇外灶村。孩子们来到广袤的田野，犹如鱼儿畅游在清澈的河水里，别提有多开心了！不过，别高兴太早，因为有一道道"拦路虎"等着孩子们哩！巨龙似的桌子上摆放着各种各样的蔬菜：有椭圆的洋葱、有灯笼似的大南瓜、梭子似的红薯、橘子似的大蒜……孩子们看见熟悉的蔬菜就会马上说出菜名，对于不常见的蔬菜会抓耳挠腮、不知所措。幸亏旁边的叔叔阿姨友好地提示，帮他们解了围。他们带着满满的收获又参与到其他活动中去了。

平时活泼好动的男孩参与到挑战投篮的活动中。一个男孩拿起小球往篮筐投去，谁知调皮的小球躲开了篮筐，耍赖般地躺在地上。男孩不服输，再次拿起小球一口气往篮筐里送。旁边观战的东道主——外灶村的汪书记摇身一变，当起了教练传授投篮技巧。男孩在汪书记的点拨下，一连投中了好几个，周围掌声响起，引得好多孩子都来到投篮区进行挑战。

活动历时两个多小时，虽然孩子们玩得疲惫不堪，但意犹未尽。平时两点一线工作、生活的家长难得参加这样的户外亲子活动。孩子们通过这样的活动，性格变得活泼了，与家长的关系也更融洽了，愿意把内心的小秘密与家人分享。孩子们的社交能力也得到了提升，遇事不再总是请求帮助，而是自己先动脑克服。家庭凝聚力、幸福感也得到了升华，可谓一举多得。

东方颐城居委的"亲子悦读"活动还会一直延续下去。相信这样的活动会成为我们书院地区的一张新名片。孩子的成长离不开家长的陪伴，孩子见多了，眼界也开阔了。

愿孩子们能够领略到书中的真谛，更能享受到户外的精彩，在这个充满浓郁书香的乐园里快乐成长！

春风化雨，一路善行

记上海秋元华林建设集团董事长瞿宝林

杨绣丽

在浦东书院镇的桃园村，有一条老芦公路，两侧的民宅白墙上，有一片翠绿的桃叶、红粉菲菲的花瓣、宽广的蓝天和朵朵白云，画师手绘的桃园主题的墙画让庭院摇曳生姿，美不胜收。

瞿宝林的老家就在这个名叫桃园的村庄。

瞿宝林是上海秋元华林建设集团的董事长、掌舵人，是从桃园村走出来的企业家。在公司发展壮大的同时，他一直不忘父老乡亲，不忘生他养他的桃园村。他持续奉献，出资数百万元行善，助力老龄事业，始终敬老爱老，在情系"孝、爱、善"的道路上，谱写了一曲闪烁着时代光芒的爱的乐章。

书院镇馨苑养老院是瞿宝林重点资助的对象。2005年春节，长期在外漂泊打拼的瞿宝林，决定要回家好好过个年，与乡亲们聚聚，探望一下养老院的老人们。

大年三十，瞿宝林一早就起床，到超市采购了八宝粥、汤圆、蛋糕、水果等食品，装了满满一车，来到书院馨苑养老院，把这些食品分发给了老人们。老人们个个激动万分，围在瞿宝林身边，

瞿宝林赠送物资给村里的老人

动情地说："你真是厚道人，待我们这么好！"这一天，瞿宝林同老人们一道吃年夜饭、一道欢声笑语拉家常，度过了一个有意义的除夕。

这以后，每年的节假日，瞿宝林都会安排公司的人员来慰问老人们。他把这里的老人当成自己的父母、爷爷奶奶。老人们的吃穿用度，包括房间里的设备——液晶大电视机、空调等家电——都是瞿宝林出资置办的。他还安排施工队，为养老院免费装修房屋和操场。馨苑养老院焕然一新，老人们乐呵呵。

有一次，瞿宝林在外地出差，一直忙到小年夜，赶回家时，已是凌晨四点钟。在回家路上，瞿宝林突然想起第二天是大年夜，公司要去慰问养老院的老人。于是，他带着公司班子又马不停蹄地赶往了养老院、村居委，把秋元华林的一片真心爱意送进了老人们的心坎里。

2013年8月，集团公司慰问组冒着高温天气前往馨苑养老院，为老人们送去了空调、电视机、空气净化器和生活用品等慰问品。2014年的重阳节，公司精心为老人挑选了120条毛毯。瞿宝林关切地说："天冷了，到时候老人就可以用上这些新毯子了。"

馨苑养老院的翻新任务也是由集团公司承接的。在施工过程中，遇到了不少棘手的问题。为了让老人们的居住环境更便捷、更安全、更温馨，施工的那段日子，瞿宝林亲自跟进项目，迎难而上。经过多方的共同努力，项目最终完美收官，赶在那年台风季来临之前，将老人从危旧的老宅院搬迁到宽敞明亮又安全的新家。集团公司免费安装了空调、电视机等，发放了床褥、被子等，各项用品一应俱全。

为庆祝迁入新居，借着春节之际，养老院举办了"情暖夕阳孝长者，爱心共建喜迎春"迎新会。瞿宝林与院里的老人们欢聚一堂，共吃团圆饭、共贺新春佳节。现场一片欢腾祥和。看到老人们居住在干净、整洁、充满阳光的环境中，被细心地照顾着，瞿宝林觉得一切付出和辛苦都是值得的。

2021年春节前夕，受疫情影响，养老院暂停对外接待，瞿宝林将三万余元的新春慰问物资运送到养老院。养老院特意送来一块印有"真心为老显初心 倾力助老暖人心"的铜牌。这份礼物，承载了这里所有老人的深深感激之情。

瞿宝林十几年如一日，关爱老人的脚步从未停歇。

瞿宝林不求回报，当他看到养老院挂出的彩色横幅——"向长期支持和关心老年事业的人们致以衷心的感谢"，他已感到欣慰和满足。横幅迎风飘荡，如同桃园村的桃花在风里绽放。

瞿宝林（后排中）在睦邻点与大家合影留念

从2008年起，除了馨苑养老院，秋元华林还同洋溢村、桃园村、黄华村、余姚村等村居单位，签订了结对帮扶的协议。每年的春节、重阳节，公司的干部们都会在瞿宝林的带领下，来到结对单位，送上各种慰问品。

远亲不如近邻。邻里近在咫尺，你照顾我、我照顾你，年轻的老人照顾年迈的老人，大家相互关心、相互呵护、抱团养老、乐在其中。2016年9月29日，公司与书院镇桃园村村委会开展了结对共建活动并举行签约仪式，同时成立桃林为老服务志愿者队伍，把"为老服务"作为结队重点。2021年底，上海秋元华林建设集团配合书院镇"睦邻爱家"为老公益项目，同书院镇有关部门签署了《参与"睦邻爱家"为老公益项目的初步意向书》。该项目将会对辖区内13个村、六个居民区60岁以上的老年人，实行全覆盖关怀。开展八大关爱老人的服务项目，投入资金约66万元，不仅要让老年群体吃好、住好，还要满足老年人丰富的精神文化需求。助力"睦邻爱家"为老公益项目，秋元华林在善行路上再出发，今年对该项目又捐资100万元。

瞿宝林和秋元华林建设集团先后荣获浦东新区、书院镇等有关部门颁发的"十佳孝善之星""书院镇敬老模范单位""浦东新区敬老模范单位""慈善之星"等殊荣，赢得了民间和社会机构的广泛尊重。

书院镇桃园村是瞿宝林祖祖辈辈生活的地方。秋元华林公司和瞿宝林跟桃园村的联系越来越紧密。心向光明，一路善行，浓浓的乡情愈来愈枝繁叶茂……

美妙的人生伏笔

记上海思乐得不锈钢制品有限公司总经理张斌

马尚龙

在略显简陋的会议室里，思乐得总经理张斌向我介绍了几十年来他的事业发展经历、他受到的教育和他为人处世的态度……

我对张斌说："1991年您参与思乐得筹建，多多少少是带着些偶然和不可知性的，当时您并不能预知思乐得的将来会怎样。现在过了32年，您是否发现，其实所做的一切，包括您个人事业的发展和人生境界的提升，许多尊老爱老的慈善努力，以及思乐得不锈钢产品获得的世界级荣誉……所有的事情似乎都是有关联的，所有偶然串联在一起，就是必然。人生是有伏笔的……"

张斌非常认可地说："马老师说得太对了，人生真是有伏笔，我觉得几十年前开始做的事情，对后来都是会有很大影响的。尤其是小时候接受的家庭教育，小时候并不会细想，但是几十年后，它们都成了我的动力。这大概就是您说的人生的伏笔吧。"

人生伏笔可以埋一年两年，也可以埋几十年，但总有揭晓的时候。这不是人生的因果，而是人生的轨迹，所有的偶然都像珍珠一样被串了起来。

张斌的人生伏笔，有一些是他自己深埋的，有一些则是他的母亲在他幼年时为他埋下的人生的"锦囊妙计"。

幼年时，张斌就常听母亲说起外公的故事。张斌没见到过外公，但从母亲的讲述里，知道了外公叫黄关根，在抗日战争时期以经商为名走南闯北，一次次出生入死地往返于浦东、浙东和苏北地区，为浦东的抗战及浙东抗日根据地的创建做出了一定的贡献。外公与人为善，以一己之力照顾乡里、慷慨兴学、济困扶危。外公的仁义之心，作为家庭文化，得到了张斌母亲的传承，继而传递到了张斌这里。

善与孝便成为张斌的人生伏笔。

张斌母亲黄素新在1966年7月前往新疆，在新疆生产建设兵团工作，在阿拉尔待了五年，后来随连队到阿克苏汽车营。直至1988年退休才回到故地。

"退休后，我很怀念支援新疆建设的那些战友们，和儿子一商量，把这里的一间生产队废弃仓库租了下来，翻建了一下，就成了现在的知青点。"黄素新这样介绍自己创建知青点的初衷，"我把老南汇地面上一些熟悉的知青召集来，定好每季一次聚会，有时还更多。聊聊以前的岁月、人和事，说说现在的生活。谁有困难了，大家帮一把，他们的怨言没了，感恩的心生起来了，这个知青点成了一个文化小景点，一个敬老行孝的小平台，年轻人到这儿来做志愿者，教大家健身、唱歌、演小品，与来自周边的老姐妹兄弟们，共同弘扬孝道美德。"

除了知青点，黄素新老人还是睦邻点的掌门人。为了丰富乡里老人的生活，黄素新将自家小屋改造为老人们的活动场所。睦邻点成立之初，黄素新正为资金发愁，张斌看出了母亲的心思："这三间房子我来彻底改造一下，要配花草，打造成时尚小屋，里面可供品茶、阅读、娱乐……"

走进位于书院镇的思乐得公司，发现它的"颜值"与心中预期的一家世界级不锈钢家用器皿企业是有点距离的。张斌说厂区很多老房子，包括他的办公室，简直有点像是活动房，低矮，简陋，因为都是在50年前东海农场时期造的。而张斌本人也是我见过的总经理中最另类的了，他是穿着工作服接受我采访的。他说，厂区有规定，员工一律穿工作服——他就是员工。

恰恰是"我就是员工"这一句，让我更深地感受到了思乐得严谨而科学的管理，让我在略显简陋的办公室和知名企业之间找到了一条隐形通道。张斌说，我们厂区看上去很一般，但是我们的设备、我们的信息化建设，绝对是世界一流的。公司不断积累、借鉴国内外先进的管理经验，已通过ISO9001/ISO14001/ISO28000/ISO45001/

张斌（右）和员工在"纪律、责任、创新"石碑前

ISO50001等体系认证，产品近几年更成了国内外专业奖项的收割机，包括德国"红点奖""iF设计大奖""美国工业设计优秀奖IDEA""上海设计100+"（中国优秀工业设计奖）、"当代好设计奖""中国红星奖"等奖项。"我们自己心里明白，什么是重要的，什么是不重要的。"

张斌说工人的工作、休闲条件都是非常好的。顺着张斌的指引，我看到了厂区工人的咖啡屋、阅览室。"我们有规定，工人进工厂，不能早于规定时间，下班后半小时内必须离开。没有'996'，思乐得没有加班。"这在当今职场真的很少见，我问起缘由。张斌说："我们必须让每个员工有充足的时间，可以陪父母亲吃饭，可以送孩子去学校。让每个员工有行孝行爱的时间。"

企业的管理方法，渗透着张斌的善孝理念。从对自己母亲的孝，推及对其他老人的孝；从个人的孝，推及社会的孝，给善与孝创造健康的空间。

"孝动书院"是书院诗社公众号的一个栏目，主要报道书院镇感人的行孝故事，思乐得将这个活动看作自己的责任，毫不犹豫地资助。

2017年1月20日，正值腊月廿三，在与思乐得结对子的书院镇馨苑养老院里，一顿特别的年

张斌给养老院的老人们送年夜饭

夜饭开吃了。掌勺的不是养老院食堂员工，而是张斌特地请来的专业厨师。张斌还带来了思乐得的青年员工，为老人们表演节目，堪称养老院的"春晚"。

每年的春节、重阳节，以及其他重要的农历节气，张斌都不会忘记。十几年了，张斌自己，也带着思乐得，努力着。首先是"老吾老"，每个人都要孝敬自己的父母；而后，要承担社会责任，做到"以及人之老"。

思乐得有自己的"三个一"座右铭：一群人，一辈子，一个梦。其中的一辈子，恰也是"一杯子"的谐音。"三个一"朴素而豪迈，张斌做到了。我将"一杯子"进一步引申开去，思乐得杯子是不锈钢材质的，不锈象征着始终如一。张斌的"三个一"，是张斌在为思乐得尽心尽力，但又何尝不是思乐得在成全张斌的梦想？

过往的生活，成了今天的伏笔，很美妙；今天的一切，也将成为将来的伏笔，更美妙。

红心向党的塘北最美家庭

记书院镇塘北村季一德家庭

胡国良

　　祖孙三代六人居住在书院镇塘北村八组932号的季一德这一家，是浦东新区美丽庭院"五星户"。这是一个红色基因代代相传的家庭，更是一个乐于奉献社会的最美家庭。

　　2023年5月14日上午，我去他家采访，进行了一次有意义的互动，收获满满。

　　话题先从季一德的上辈展开。他的父亲叫季毓林，母亲叫张雅芳，都是苏北人。1942年，因帮助新四军贩卖西药，一家遭日伪悬赏缉拿，夫妇二人只得带着自己的孩子，颠沛流离，逃难到这个偏僻的、人烟稀少且芦柴丛生的塘北角。

　　1946年，季一德仅四个月大时，季毓林夫妇在这方濒海之地落脚了。当地居民都以打鱼为生，吃尽了没有文化的苦。尽管自家住在芦柴扎就的"滚地笼"里，热心助人的季毓林夫妇还是另外建造了三间草屋，为渔民子女开办起了塘角小学。新中国成立后，塘角小学被政府接收，季毓林依然当校长、张雅芳依然教书。后来，塘角小学改名为塘北小学。

　　据季一德长女季英回忆，爷爷奶奶非常爱学生，而学生们也非常爱季老师、张老师："爱是一种互动的温暖，可以彼此传递。这些学生长大后有了出息，一个个都还记着当年两位老师给他们东西吃、给他们衣服穿、教他们读书写字学知识的那些往事。"

从哲学角度看，爱的本质是希望自己更好、他人更好、社会更好。而对于季一德来说，他的爱首先是一种知恩图报——据邻居讲，每逢"五一""七一""八一""十一"这些节日，季家必定响彻红歌。《我爱你中国》《中国人民解放军军歌》等歌曲反复播放着，带着全家人爱国、爱党的情怀，在濒海的这片土地上久久回荡！

为什么他叫季一德？为什么他要这样做？一在数字里很小，却蕴含了起始的意思；德的含义是直视所行之路的方向，本意为顺应自然、社会和人类客观规律去做事，亦即人们常说的"德行天下"——原来上一辈在季一德的名字里，早就埋下了道德的密码。

面对我的提问，他起先没有解释，却带着我在他家"洋房"周边走了一圈，看花园、看池塘、看篮球场，告诉我他小时候住"滚地笼"、用"垒土灶"，吃了上顿没下顿的生活情形。还详细叙述了他的人生经历：年少时就出海捉鱼。初中只读了一个学期，16岁就开始在生产队种田挣工分。19岁那年去外地学裁缝手艺，正是"不要工钿、自吃饭"的那种。1964年，20岁出头的他从外地回来，就进了公社服装加工厂。当时那个所谓的服装加工厂，也就是每个人把自己找来的缝纫业务放在一起做。"厂里看我和善、擅长与人打交道，就让我做了供销员跑业务……"

一提到老季跑供销的岁月，旁边的季夫人就忍不住插话了："那时真的苦，两个女儿都还小，他跑供销的补贴是每天两角，要吃饭乘车，怎么够？没办法，我就利用不出工的风雨天，赶到东海农场去干活，每天一元的工价，做三天拿三元钱回家，再让他出门去跑业务……"

"后来厂里顺了，我自己也升为副厂长。这样做到1992年，企业却转制了，我就回到了家里。接下去怎么办？年近半百的我决定顺应时代潮流自己创业，在家里开了一个服装厂，有五六十人，持续了近五年……"

"真的要感谢党和政府，感谢我们这个可以勤劳致富的伟大时代。"季一德强调，这是他接受我采访以来最想说的一句话。我留意了一下，说这话的时候，他显得亢奋而激动。

那么，季一德家又是如何回报社会的？

"每当逢年过节，带上一点小礼物走走邻里，使邻里间相处融洽。只有这样，生活在此地才会觉得安心、舒心、宽心。"老季轻描淡写地说。

这是一个在邻居眼里代代有出息的幸福之家，也是一个有社会责任担当的爱心之家。最近几年，季一德家向上海市慈善基金会、上海特殊教育关爱基金会等平台持续捐赠的教育爱心款超过50 000元；2020年，一家人积极参与和支持新冠疫情防控工作，家庭合计捐赠口罩2 200个、现金7 000元……

晚年的季一德积极参与睦邻点活动，宣传改革开放的成果，细数党给人民带来的恩惠。而季夫人，在日托站也积极投身"小老人服务老老人"的行列，把为老服务工作做得风生水起。

更重要的是，夫妻俩把爱心接力棒，顺利地交到了下一代手中。

季家大女婿王永军在一家民营企业担任疫情防控领导小组组长，带领他的团队在做好自我防控的同时积极复工复产，其公司向滁州市红十字会及上海市红十字会各捐赠现金100万元，用于抗疫。另外，王永军带领的滁州基地党支部，2021年被评为"安徽省先进基层党组织"。2023年，王永军当选安徽省政协委员。

"在我的内心，爱是一份温暖。哪怕是一个真诚的微笑、一句轻声的安慰、一次热情的鼓励，都是可以温暖到他人的。而在传递这一份温暖时，收获最多温暖的是自己。爱更是一份温暖的传承。当我外出求学工作、时隔30多年回到塘北后，听乡亲们说起爷爷奶奶在50年前创立塘角小学，以及在塘角嘴生活的几十年中乐于助人的往事，并目睹爷爷奶奶的学生们在时隔半个多世纪后仍对他俩充满了感激之情时，我感到无比的温暖。塘北的美丽乡村，不仅仅是美在环境。在回到塘北后，我也非常期望自己能为周边的邻居们做点什么。"季家大女儿季英如是说。

事实上，季英在那些抗疫的日子里根本没闲着——除了主动购买水果、慰问村里防疫志愿者之外，她还利用自己工作的行业信息优势，帮助周边朋友联系消毒水货源。当她看到周边人缺少口罩时，就托朋友买来400多只送给村里的工作人员、邻居。当她看到周边被封控的困难家庭肉菜短缺时，托人自费为他们购买了6 000多元的鸡蛋、鸡肉和蔬菜。

赠人鲜花，手有余香。在我采访季家的那天，恰遇两位爱花女士来季家求花，但见季英满面春风地热心接待，满脸笑容地慷慨相赠……"我期望自己和家人，尽可能地多做爱的传递和接力。这样，我们的塘北会更美、书院会更美。"季英坦诚地说。

种德即种福，这老话说得一点都没错。红心向党的季家新一代，不仅向善血脉初见端倪，而且精彩人生也有了开篇——

大孙子思航，2018年大学毕业后，自愿报名参加"西部阳

季一德家庭合照

光"支教活动，于2019年3月至7月，赴甘肃省陇南市康县（地处陕川甘三省交界处，交通极为不便，是当时甘肃最落后的三个县之一）三坝乡支教。在支教期间，他多次翻山越岭去家访，劝回两名失学少年；利用身为篮球二级运动员的特长，组织校园篮球队，并申请公益资金改善学习环境；承担教学课程，鼓励孩子们建立起对未来的长远规划。在支教回来后工作的三年间，思航年年都被评为单位的优秀员工……

正在读初二的小孙子泽航，不仅好学上进，而且热情参加"国际留学生接待家庭"活动，荣获国际部优秀学生奖……

风正一帆华

何秋生

　　人这一生或许是一次长征。万里征程，千回百转，在茫茫人海中千帆竞渡，只有随时找准自己的人生坐标，才会赢得"三军过后尽开颜"……

　　张正华，上海振博建设（集团）有限公司总经理。振博建设是一家建筑综合服务型企业。作为一家民营企业，每年最少拿出100万元用于公益事业……

　　张正华属兔，看其身架却像属虎的：大眼高额国字脸，走路生风；宽耳硕鼻厚肩膀，一身豪气。按法律规定，张正华今年9月就应该退休了。但这么大的一个集团公司，不可能让他说退就退。他调侃说，今天自己的生活，就是一个字：忙！

　　忙好啊，能忙是福呀！张正华今天的忙是昨天的苦换来的！只有阳光而没有阴影，只有欢乐而没有艰辛，那不叫人生。所谓"昨天的苦"，说的是张正华的青少年时期。

　　张正华出生在20世纪60年代初，父母生了他们四男一女五兄妹，张正华排行老四。僧多粥少，吃就成了头等问题。面对嗷嗷待哺的五个孩子，父母整天愁得脸色发白。好在那时候万祥镇万五二队的农村还有些田埂坡地，可以采些野菜充饥……

不走出去，家就是你的世界；走出去了，世界就是你的家。16岁初中毕业，张正华瞒着父母决意休学，跑到万五小修队做起了钢筋工。学校老师看他学习成绩好，不读书太可惜，几次登门动员他回校继续念书，张正华埋着头，说"要自己挣钱吃饭"，硬是留在工地做钢筋工。父母看老师苦劝无果，也就抹抹泪由着孩子。

钢筋工的工作，通俗一点说，就是按要求将钢筋弯成各种形状——绝对是一项苦力活。如今可以靠机器，但那个年月全靠手工，没有一把力气不行，满手老茧是肯定的。成堆的钢筋夏天太阳一晒烫死人，冬天刺骨地冷。不仅如此，张正华要顶风冒雪骑三轮车从市区到60公里外的郊区去拉镀锌扁铁。那时候，人们常冷眼看待拉车、卖苦力的民工，甚至驱赶张正华这样骑三轮车进市区的工人。

苦与累，屈辱与不公，少年张正华总是咬咬牙忍着。有哲人说："一个博大的胸怀，是用苦难撑大的。"张正华不仅能吃苦能隐忍，而且眼里还有活，苦活累活、大活小活总是抢着做。于是几年后，东海农场基建站的负责人把这个手脚勤快的小青年调到了身边。在那里没干几年，张正华又被申德建筑公司的领导看中，给挖走了。这个青年竟成了人见人爱的香饽饽……

苏格拉底曾说："世界上最有可能成功的人，不是才华出众的人，而是抓住每次机会全力以赴的人。"

自20世纪80年代起，年轻的张正华无论是做事还是为人，在书院镇一带已经小有名气、受人倚重了。1994年，上海秋元华林建设集团成立建筑装饰有限公司第七分公司，张正华担任公司副总经理兼七分公司经理。

"创业艰难百战多。"记得当时公司还是一家中外合资的企业，创业阶段的种种艰辛与坎坷，至今历历在目。张正华沉默了一阵，说："每当回想起初创时所经历的各种磨难和困难，就觉得不是一般人能够想象的。只有上过'火焰山'的人，才懂得那种被烤焦的滋味。那一幕幕场景，至今仍刻在我心里。"

好在张正华有娘胎里带来的那股子韧劲。于是，在他的带领下，七分公司的全体员工心齐劲足，业绩很快蒸蒸日上。2002年，张正华领导的七分公司产值稳居集团各分公司之首。

张正华不是那种小富即安的性格。他接着稳打稳抓，让七分公司的工程业绩稳步发展，其产值在2010年是3 800多万，到2021年突破了6 000万，公司成为乐购、世纪联华、特易购、上海电气电站……长期稳定的供应商。2019年起，七分公司除了持续服务商业连锁超市巨头世纪联华的各地项目之外，还攻下了多家新业态门店的装修业务，完成了近40家线下门店的装修任务。

张正华深刻懂得"他山之石，可以攻玉"的道理，善于虚心向别人学习。比如在做兰州饭店装修项目时，发现广东施工团队的敬业精神远胜于自己的队伍。于是，他立即带领自己的员工上门讨教，反复研究，对后来自己的团队高质量地完成各项工程起到了很好的促进作用。

"种好梧桐树，广招金凤凰。"自2010年以来，七分公司先后引进了一大批在建筑领域中叫得响的优秀项目管理人才。这些人才或是系统业务能力过硬或在施工管理上有着较高的水平。张正华就像一位战略家，让诸多人才加入秋元华林的大家庭，让他们各领风骚，创造出辉煌业绩。

时代的车轮滚滚向前。如何面对一个新的时代，你的梦想、你的希望、你对未来的憧憬，都必须与新时代的新思维合拍。

张正华虽然当年迫于现实压力只念到初中毕业，但一个心装理想、胸怀乾坤的人，是不愿原地踏步甘于平庸的。既然干了基建这一行，张正华就紧紧围绕建筑学这一板块和相邻知识，搜集大量资料研读，不仅取得了大专学历，还考取了"高级工程师""二级建造师"的资格证书。

如今，振博建设（集团）公司的总部就设在静安区的金赢108创意广场。

"没有她这位贤内助，就没有我张正华的今天！"那天采访张正华时，他在笔者面前连连夸赞他的妻子朱秀萍。看着已入耳顺之年的张正华，至今还沉浸在与妻子的甜蜜爱情里，笔者忽然生出一种感触："这个世界没有无缘无故的遇见，每一个人在你生命中出现，必定有其原因。好的姻缘是上苍专门为一对懂得真爱的人设定的……"

张正华并不介意人们称他上门女婿，因为这是他自己选择的路。

那还是在39年前，21岁的张正华在东海农场基建站做班组负责人的时候，朱秀萍就像一只小蝴蝶飞进了基建站。青年张正华与这位娇小玲珑、活泼可爱又有文化的姑娘第一次相遇时，就怦然心动，不能自已。

从那天起，张正华在工作上更勤奋有活力，几乎每天都有设计方案、工作设想方面的火花进发，并借机一趟趟跑文印室找朱秀萍，希望她能把他的这些想法，通过打印机打印出来。渐渐地，朱秀萍也觉得站里的这个张正华有理想有追求，人也长得帅气，少女的内心掀起了阵阵波澜。这一来二去的细微举动被一旁张正华的娘舅看在眼里，并有心搭搭鹊桥。

一日，娘舅找到张正华，试探着问："你和小朱的一举一动我都看在眼里的，不过我问过了，她家就俩女儿，好像有招婿的意思……"说这话的时候，老娘舅的心其实是一半为朱家，一半为张家的。他觉得自己的姐姐带着五个孩子太苦，想为姐姐分点忧。

"我乐意上门！"没想到娘舅的话音未落，张正华就脱口而出了。这时的张正华已经是基建站的一个班组负责人，虽然每年的收入可以贴补一点家用，但对于家庭开销而言依然是杯水车薪。他何尝又不想为这个极度贫困的家庭多做些牺牲与奉献呢！就这

张正华家庭合照

样，皆大欢喜，张正华走进了书院镇洼港村朱秀萍家的门，成为朱家的一员。

张正华与朱秀萍拜堂成亲已经38年了，一双儿女也都结婚生子，而这对老鸳鸯如今依旧恩爱如初。就在不久前，张正华出了一趟远门，想不到返程时，妻子朱秀萍竟手捧鲜花早早地等在接机口，一见面就送上一个紧紧的拥抱……

孟子言："人人亲其亲，长其长，而天下平。"虽说是上门女婿，张正华在心里以及在平时的举动上，早把自己转换成了儿子的角色。在朱家人的眼里，"正华这孩子，哪里是一个女婿半个儿，他比亲儿子还亲"。

20世纪80年代中后期，南汇的农村生活还相对艰苦。张正华的到来，就像冬天里为朱家端来了一盆火，一下增加了温度。苦出身的张正华不仅在基建业务上是一把好手，农忙时间还能回家帮忙抢收抢种，颗粒归仓。家里其他的重活累活也是张正华一个人大包大揽。

"子夏问孝。子曰：'色难。'"大意是，孔子的弟子子夏问孔子如何尽好孝道，孔子的回答用通俗的话来讲"就是不要给老人脸色看，尤其当老人对子女脸色难看的时候，需要宽容，保持和颜悦色"。张正华一肩挑两头，既担负着照顾岳父母的责任，又履行着赡养自己父母的义务。

张正华一直觉着父母含辛茹苦地养育他们五个兄妹不容易，自己日子有些改善后，他就把父亲接到市区来住。父亲去世后，母亲想同小儿子在乡下住。张正华就依着母亲，把乡下的房子修缮一新，让母亲开开心心安度晚年。

都说百善孝为先。《增广贤文》更有"羊有跪乳之恩，鸦有反哺之义"之说。张正华很好地理解并实践着古人的孝道。平日里，无论是对待岳父岳母还是自己的父亲母亲，张正华一碗水端平，每个老人的衣食住行冷暖喜乐，都一样地细心关照。"孝子亲则子孝，钦于人则众钦。"在他潜移默化的影响下，儿子朱张波、女儿朱张婷以及他们的孩子，也都一样生得乖巧，懂得孝道……

"善为至宝，一生用之不尽。心作良田，百世耕之有余。"随着张正华这些年事业的不断发展，他就经常在思考"小家好护，大家难为"的道理。他想，做人就应该"治家立身，有余顾族及乡，如有能力，即尽力社会"。

对于多年来捐助单位、个人的事，张正华总是一笑带过。其实，在每两年的"蓝天下的至爱"活动中，他总是慷慨解囊参与捐款，已经不少于五次。在"爱心助学"活动中，帮助45名特困生，已经持续五年。他还参与了洼港村和棉场村的结对帮扶活动，并支持"光彩事业"好几年。对于对口支援帮困活动，他也义不容辞积极参与，每一次都倾其所能。

其实数字本身并不能说明多少问题，义举才能表现一个人的美德。做慈善就是最好的美德。当别人遇到困难时，它是融化冰雪的阳光，是吹散阴霾的春风。"采得百花成蜜后，为谁辛苦为谁甜。"一个企业家，当他事业有成后，总想着用他的财富回报社会，这在当下的社会是难能可贵的。

张正华在多年的公益活动中，最舍得投入的是教育，最让他牵挂的是农村的那些苦孩子。他永远忘不了自己的童年，忘不了他16岁咬牙辍学的境遇。在结对帮扶的过程中，他看到特困家庭的孩子简陋的学习环境，又一次想到了自己的童年，忍不住掉泪。于是，他对这些特困学生特别上心，通过与镇政府合作"同心圆梦"爱心助学项目的方式，把助学金落实到每个孩子身上。凡是镇里的困难户孩子考上大学的，从入学到毕业，所有费用，张正华一包到底。

"同心圆梦"爱心助学项目启动仪式

张正华说："最好的时机永远是当下，最值得托付的永远是未来。"孩子就是未来，对教育的投入与扶持，会起到"随风潜入夜，润物细无声"的作用。

为了这些孩子，为了在社会中发挥更多更大的热量，张正华依旧挺着硬朗的身躯，马不停蹄地往前奔跑着……

人生总是过了一山又有一山，总想知道在下一个转弯处会遇到什么样的风景。而时光将记录你所有的努力，等到时机成熟时，你的整个付出将变成你人生途中绚烂的色彩……40多年，张正华用行动丈量出自己生命的宽度和厚度。

小学毕业的"大学讲师"

记书院镇中久村最美退役军人周根初

马尚龙

进了会议室，周根初脱下外套，露出了戎装，胸前挂满了勋章。

周根初78岁了，腰板笔挺，身高有一米七五以上，一看就有军人的气质。问老人怎么来的，周根初很是轻松随意地说了句："骑脚踏车呀。"

周根初

我们请周根初为我们讲讲勋章的来头。这时候的周根初一脸自豪：一枚是"光荣在党50年"纪念章，一枚是在援越抗美45周年纪念时获得的，一枚是越南政府颁发的纪念奖章，一枚是个人三等功奖章，一枚是书院镇"老党员讲烽火往事分享会"纪念章，这应该是最近获得的奖章……

周根初如数家珍地一一道来，一生的荣耀在胸前闪光。

我最想知道的是个人三等功的由来。

1964年，周根初参军入伍了，两年后部队开赴援越抗美的第一线，直至1967年7月回国。这是周根初一生最值得纪念的青春岁月，用"战火中的青春"来形容，一点也不过分。

周根初所在炮兵营的作战任务就是用高射炮打美军战机。周根初给我看了一张当年高射炮手在前线的照片。我问他："你是炮手吗？你是照片中的哪一个？"周根初说："我不是炮手，我是在营部负责侦察的。""怎么侦察？是用望远镜侦察吗？"

20世纪60年代，还没有进入高科技战争时代，我军的技术装备落后。周根初的任务，是手持望远镜，侦察美军战机来袭的方向。一旦美军战机进入我军的20公里射程，就要发出警报。周根初所在营，在一年不到的时间里，共参加了12次战斗，打落美军战机12架，击伤17架，还打落美军直升机一架，俘虏美军飞行员一名。

周根初还说了一件侦察兵负责的具体任务。美军战机被打落后，周根初要用望远镜瞭望并且判断敌机残骸掉落在哪里，部队要在第一时间找到残骸并拖回——这是打落美军战机的证明啊。

虽然周根初并不在战斗的第一线，但是每次胜利都有他"默默无闻"的奉献。后来直接让他获得个人三等功的，则是他靠"火眼金睛"获得的生死情报。某天在侦察时，周根初突然发现美军战机线路异常，他分析这是直接来偷袭营指挥部的。周根初立即向营部首长报告，首长当即采取了应对措施，打落了敌机，成功地避免了被偷袭。

因为此次侦察有功，周根初获得了个人三等功的嘉奖。

周根初很自豪地说，在援越抗美期间，他们营没有发生过战斗减员。这其中当然有周根初手持望远镜侦察美军战机所做的贡献。周根初翻出老照片，有一张就是他在前线拿着望远镜瞭望天空时的英姿……

回国，入党，提干，转业，周根初回家乡书院镇后努力工作，一直到2005年退休，开始享受平静的天伦之乐。所有的勋章、荣誉证书，都收藏在樟木箱里。再一次穿起军装，并且在军装前胸挂上自己青春的见证，已经是2019年了。

我问周根初："你是怎么被'淘宝'淘出来的？"

周根初说，大概是2015年，他参加了书院镇纪念抗战胜利70周年老兵会议。会上，周根初发言，说到了当年援越抗美的往事，说到了自己无法忘怀的青春记忆。很多人都很感动，同时又为突然发现了身边的英雄而兴奋。

周根初从此进入了崭新的生活状态。2017年，他被书院镇社区党校聘为草根讲师团讲师；2019年，被聘为书院镇社区党校讲师团讲师。当他把收藏多年的勋章、荣誉证书重新拿出来时，仿佛又听到了援越抗美前线美军战机的嚣叫和高射炮的呼啸，仿佛看到了自己手持望远镜紧盯着美军战机来袭……

周根初积极参与备课活动，并到各地参观学习，收集更多的宣讲素材。然后作为讲师开始巡讲，从幼儿园到大学，从机关到企业，从社区到营房。周根初像是一个社区的网红，常常会有一天两课的情况。在2021年一年里，周根初的讲课数就达七八十次。

在幼儿园里，当幼小的孩子看到一位穿着军装、佩戴着十几枚勋章的老爷爷时，是很敬仰的；当周根初给他们讲战斗的故事

周根初给小朋友们讲课

时，他们是兴致勃勃的。小孩子固然不懂得历史，但是小孩子喜欢战斗英雄的故事，就像我们小时候也喜欢看战争片一样。

周根初只有小学学历，但是完全不妨碍他在上海海事大学为当代大学生讲课。他曾讲到最艰苦的一战：1967年7月，整整五天五夜，白天打夜里转移。美军出动F-105战机，嚣叫声引发了强烈的震动，加上我军的高射炮，根本听不清楚彼此的声音。就是在这次战斗中，周根初右耳鼓膜破裂，听觉受损至今。台下的大学生听到这里，无不屏息凝视这位老人，这位最美退役军人，这位他们心中的英雄。周根初援越抗美的经历，是别人难以企及的特殊学历。

几十年前，我们曾经歌唱英雄，赞美英雄；几十年后，生活平安、富足，英雄的概念在生活中似乎被淡化了，更多成了偶像。实际上，任何时代都需要英雄式的偶像，尤其是平民英雄、草根英雄。他们和我们生活在同一个空间里，会有更多的真实感和亲和力。英雄的概念更加宽泛了，和偶像也从不矛盾。见义勇为是英雄，乐善好施是英雄，社会楷模是英雄，引领生活的也是英雄。我们追慕偶像，我们也要记住，偶像可以远在天边，也可以近在眼前，非常草根，但他们所具有的不平凡经历，会带给人们神奇的力量。

采访结束，周根初在戎装外套上了外套，将一生的荣耀暂时收藏起来。到了楼下，周根初骑着自行车离开了。与其说是我在采访他，还不如说是他作为讲师，又上了一课。

听爷爷讲那过去的故事

记书院镇外灶村最美退役军人张文荣

马尚龙

　　车子开进村里，在一个院落前停下。一位穿了军装、佩戴了好几枚勋章奖章的老人在房前等候。这就是张文荣老人了。

　　这是张文荣父亲当年留下来的老屋，一排三间，我们在中间的客堂入座。客堂摆设很是简单，两边的墙却很抢眼。一边是照片墙。照片墙很多见，但是张文荣家的照片墙却很特别——是张文荣一生的荣誉墙。有1991年南汇县农行系统储蓄优秀代办员的证书，有2019年受聘为书院镇社区党校草根讲师团讲师的证书，有2022年书院镇社区党校讲师团讲师的聘书，有张文荣在电机学院和消防队讲课的照片……哦，还有张美凤——张文荣妻子的荣誉证书：1978年新港乡优秀党员……还有儿子的荣誉证书。这户人家是把家风看得很重的。

　　最为显眼的照片是张文荣和妻子的合影：两个人都佩戴了"光荣在党50年"纪念章。党员夫妻在50年前真是不多见的。

　　张文荣援越抗美立战功的岁月，被记录在另一面墙上。墙上有一张很大的中国地图，国境线上方，贴了一张旧报纸，新闻标题是《中国援越高炮部队令美军胆寒》。报纸旁边是一张照片：一门高射炮和严阵以待的炮兵。张文荣说，照片中站着的就是他，时任炮兵班班长。

张文荣家的荣誉墙

虚岁80的张文荣，至今还记得自己的十年军人生涯。1963年当兵，1965年10月参加援越抗美战争，1966年5月回国，1973年转业回地方工作。参加援越抗美战争，无疑是张文荣老人一生中最值得纪念的经历之一。

张文荣所在部队是空军高炮一师。在不满一年的时间里，张文荣参战17次，有18次与死神擦肩而过。高炮一师共打落美军战机170多架。

张文荣老人告诉我当时炮击敌机的经验。当几十架美军战机来袭时，为了更精准地打击敌人，必须让敌机飞到最近最有效的射程内，但是敌机越是逼近，危险性就越大……张文荣和战友们，就是在极其艰难困苦的条件下取得胜利的。张文荣荣立了个人三等功。

我问张文荣老人，他这个援越抗美老战士的故事是怎么被发掘的？老人笑了："是我主动和领导说的。"这其中有个有趣的插曲。张文荣的弟弟参加过1979年对越自卫反击战。村领导原本是想通过张文荣来邀请他弟弟参加社会活动的。张文荣听后表示："我1965年就去参加援越抗美战争了，我有许多故事可以讲。"因为张文荣的户籍是在邻村洼港，只是住在外灶，所以就一直"漏网"了。张文荣毛遂自荐，村领导则如获至宝。从此，张文荣开始了讲课讲故事的新生活。

张文荣受邀带领小学生参加升旗仪式。他身着军装，荣誉勋章佩戴在胸前。国歌声中，张文荣回忆起了越南前线，想起了敌机的呼啸、高射炮的英武、他和战友们的不畏牺牲……

升旗仪式结束，张文荣给孩子们上课，他既是以老军人的名义，也是以老爷爷的经历，给孩子们讲过去的故事的。从孩子们聚精会神的聆听中，张文荣感觉到他们很喜欢听他讲故事。同样，面对着上海电机学院三千多名大学生，张文荣的讲演，让00后有思、有悟、有启迪、有感动、有奋进，让00后的追求有了新的目标。

对于很多听报告的年轻人来说，张文荣就像是他们的爷爷，听爷爷讲过去的故事，是亲切的，是朴素的，是真实的，也是意味深长的。张文荣的故事是个人的故事，更是一个时代的故事。

张文荣从来没有想过年届耄耋时，会成为社区党校讲师团的讲师，给年轻人上课，给社区上课。不仅上课，张文荣还写了文章。在他家里的荣誉墙上，有一张荣誉证书，贴在醒目的位置，竟然是征文一等奖的证书——在书院镇庆祝新中国成立70周年"我和我的祖国"主题征文评选中荣获一等奖。这是2019年的荣誉。

我问张文荣老人："想过自己会得奖吗？而且还是一等奖。""一等奖一共才三个人，我只是小学毕业啊，真没想到会得奖。我只是将自己的经历写在文章里，可能是因为我的经历比人家特别，所以是靠了我的经历得奖的。"

得了奖，写文章的自信心更加足了。在浦东开展"双拥故事"征文活动时，张文荣又投稿发表了短文章《一段终生难忘的经历》。

张文荣说："我写文章，是想把自己的经历写下来，可以让小辈们记住。"在社区，张文荣是作为张爷爷讲故事，在家里，他是否也会对孩子讲故事？张文荣说："要讲的。我有两个儿子，大儿子的女儿今年要结婚了。我把我写的文章交给大儿子，让他给孙女婿看，要他们记住我们这一代做过的事情。他们自己都有房子，但是他们经常来看望我们。"

我问张文荣老人："孙女、孙女婿喜欢听你讲故事吗？"张文荣掩不住笑容："他们喜欢听我讲，孙女婿对我很崇拜的。"

我对张文荣老人开玩笑说，再过两三年，他就可以给他的第四代讲故事了。张文荣说，那是一定的。我想了想，他的第四代以后要这么说："听太爷爷讲那过去的事情。"张文荣的故事是有价值的故事，有价值的故事就会有价值地讲下去。

张文荣、张美凤夫妇

张文荣面对爱人张美凤心有愧意。他说，当年他在部队，无法做一个好丈夫，妻子很是辛苦。如今可以做点弥补了。他妻子有椎间盘突出等顽疾，现在家里所有的"买汰烧"他全部包下了。转业前，张文荣在部队是司务长，业务技能至今还用得上。

战士乐闻"冲锋号"

何秋生

乔文龙

来到乔占家庭农场，刚踏进西瓜田，就看见脸膛黝黑，正躬身在瓜田里忙活的乔文龙。看见我的到来，老乔瞬间挺起那瘦长的身躯，朝我高喊："老班长好！"在场的其他人一脸迷惑。

我同老乔从未谋面，但似乎心有灵犀。当然，我们见面之前加了微信，得知彼此曾经都在一个熔炉里为伍。我比他早一年当兵，部队习惯管老兵叫老班长。看到他的站姿与容颜，听到他中气十足的声音，足见军人的精气神，已经浇铸在了这位退役已39年的老兵体内。人会变老，军魂长存。

44年前的冬天，19岁的乔文龙作别了父母和书院镇余姚村的乡亲们，去到解放军原南京军区驻连云港守备某部当炮兵。炮兵是一个艰苦的兵种，一个"85加农炮"的炮手只要经过一年的磨砺，就再没有什么能难倒他。乔文龙第二年就成为技术骨干，第三年成为技术教员，第四年成为代理排长……1984年的那个冬天，乔文龙忍痛脱下军装，抹着眼泪，一步三回头，告别了他心爱的军营和战友，回到了他的家乡余姚村。

一日为兵终身光荣。

战士、班长、代理排长、共产党员……勤劳朴实的余姚村人见这么优秀的战士回到家乡，像秋日里看到旱地上结出长长的麦穗，一个个喜出望外，立即召开村民大会，选举他当余姚村的村支书。乡亲们盼着这个忠厚老实、肯吃苦又当过兵、见过世面的后生，能带领大家走上富裕之路。

20世纪80年代中叶，中国的改革开放正处于"摸着石头过河"的探索期。起初，行伍出身的乔文龙对如何带领乡亲们致富，心里没底。"从联产承包到村办企业，再到后来的土地流转"，乔文龙最关心每年的"中央一号文件"。虽然步步紧跟，也做了不少尝试，但"失败"就像自己的影子，总是紧随其后。

就在乔文龙屡试屡验找不到出路口的时候，菜市场的一棵小小野菜突然给了他灵感。乔文龙发现，一个卖马兰头的摊位前竟然排着长队。回到村里就与妻子开始试种起来。从一亩到十亩再到50亩，竟然种多少销多少。这时正赶上中央给了"土地流转"的政策，2013年，他干脆承包了83亩土地用来播种马兰头，当年即获丰收。

军人出身的乔文龙这时想，仅靠夫妻俩自耕自种自销，小打小闹是肯定做不大的。于是，他不容分说地把担任某装潢公司项目经理的儿子乔占叫回了家，说要以儿子的名字办一个家庭农场。全家人一开始都认为老乔是在"发烧出花头"，而且全为他捏了一把汗，但却左右拗不过这位带兵当班长喜欢说了算的老乔。于是，2014年开春，浦东新区认定证书编号为"PNJ0001"的"乔占家庭农场"，也就是浦东第一个家庭农场诞生了。

应该说，乔文龙是上海浦东的农民中，也是退役军人中，第一个吃螃蟹的人。

然而，拓荒者和探路人很少一帆风顺。农场挂牌成立后，随着马兰头种植规模的不断扩大，各种问题也接踵而来。先是营销的措施与渠道跟不上，很快出现"家有美千金，就是少郎求"——有货出不去的局面，导致产品老在地里，烂在库房。更致命的一击是，老乔的家庭农场贷款200万元建起了大棚，在原来的基础上扩大了100亩的种植规模，没承想当年夜里的一场暴雪，瞬间将百余亩大棚彻底压垮。小小马兰头刚刚冒芽，瞬间被砸成烂泥，片叶无收。200万贷款泡了汤，无力偿还……

乔文龙和他家人的心被这突如其来的暴风雪撕裂了……

"向前！向前！向前！我们的队伍向太阳……"就在老乔眼眶湿润地同我谈到这里时，他的手机突然响了，这首《中国人民解放军军歌》就是乔文龙一直使用的彩铃，让我倍感亲切。他说："每次听到'向前！向前！向前！'，就好像听见冲锋号又一次为我吹响!"

乔文龙说,他看过《西游记》,懂得要取得真经成就一番事业,必定要经历各种磨难。

灾后的当夜,乔文龙让妻子快把眼泪擦干,把孩子们叫过来开一个家庭农场场务会。此刻的乔文龙,还是像当年的炮长向炮手下令一般坚定地说:"我决定再追加贷款100万,修复大棚,追种秧苗,同时扩大种植项目和经营范围。开弓没有回头箭,一场暴风雪只能压垮我们的大棚,压不垮也挡不住我们前进的路……"

一番动员令就像一发发射向前方的炮弹。

正是年关,人们都在喜气洋洋地备年货放炮仗迎新春。炮兵出身的乔文龙这时却带着一家老小,上下联络跑贷款,手推肩扛修大棚,机耕人锄抢补种。同时,按照大米、西瓜、甜瓜、草莓、水蜜桃以及各类蔬菜不同的生长特性,排时间、列计划、抢速度,让这些渴望来年结果的项目,及时落土生根……

当又一个春天向人们走来的时候,乔文龙的乔占家庭农场也开始复苏了。早春二月,乔家大棚里的新鲜果蔬赤橙黄绿青蓝紫,一片片的,很快将收成喜人。清美、盒马等各大农贸超市,菜市场,和江、浙、沪、皖等省份的农贸批发商家,纷纷开着卡车,排着长队来"抢货"。春末夏始蝉声未起,乔家大棚里鲜嫩的西瓜、甜瓜、黄瓜,已经开始被运往东西南北了。主打产品马兰头,经过六年时间的打造，已经成为远近闻名、家喻户晓的特色产品。

因为新生代的加入，今天的乔占家庭农场已经驶上了快车道。在种植采收上不断进行技术革新，自行设计改造机械。比如父子俩将从杭州弄来的一台采茶机，改造成了一台马兰头采收机。在营销手段上，全家两代人，男女分工有序，线上线下同步，产销一条龙，家庭农场不断向知识型、现代化农场迈进。年收入从雪灾时的倾家荡产还倒挂200万元，到今天的年产值超3 000万元。

这个数字让做儿子的乔占也为父亲骄傲了一把。我进乔家采访时，乔占正好要出门到市里去领"上海市五一劳动奖章"，于是他匆匆地对我说："采访我爸吧，16年前我结婚的时候一无所有，今天能把这个家带成这样，证明他有远见有眼光。"

其实我从老乔的言语与目光中，感受到他也为儿子感到骄傲。如今的小乔，种、收、销技能已经全面超过了老乔，不仅自己荣获了"上海市五一劳动奖章"，还影响带动了一批年轻人加入上海庭娆果蔬专业合作社。乔文龙这个合作社的理事长，自然是十分欣慰的。因为经历过苦难的人，对生活与生命中的一点一滴一草一木都会百般珍惜与热爱……

乔文龙虽然早已不是村干部，但这位老军人一刻也没有忘记身边的乡亲。

他一直记挂着自己富了如何带领全村人致富。于是开始以

"教技术、提供种苗、带进合作社、创办田间学校"等多种形式与办法，带领周边500多人，共同走上富裕之路。就连当年创业起步时那些冷眼看他的人，乔文龙也一个没落下，照样手把手带着他们往致富的路上奔……

余姚村有330多位80岁以上的老人。就是这些父辈，当年敲锣打鼓把自己送进人民军队，也是他们敞开双臂迎他回村，并对他满怀信任，请他出任村支书。乔文龙说："今天他们老了，我的家庭农场有了一定规模，我应该竭尽所能地为村里的这些老人和其他乡亲做点事情。"

人们不会忘记，2020年和2022年的两个春节，余姚村330

乔文龙捐赠物资给余姚村80岁以上的老人

多位耄耋老人在焦虑中度日的时候，乔占家庭农场给每位老人送去了一箱新鲜蔬果和十斤无公害大米，两个春节送去的物资价值达12万元之多。

"相知无远近，万里尚为邻。"2020年的春天，乔文龙心里记挂着武汉的同胞，连夜将3000斤大米、6000斤青菜、6000斤卷心菜和其他一些疫区急需物资装满了一个大集卡，亲自送往武汉。老乔怀里揣着的那颗爱心，远比那辆大集卡上的物资更贵更沉……

天有不测风云，人心却知冷暖。在2022年疫情中，作为保供单位的乔占家庭农场，主动为书院镇六个居委来沪、返沪居家人员提供了4000多斤的免费蔬菜。

就在这时候，92岁朴实善良的老母亲舍下儿孙撒手人寰！

这天，老母亲把乔文龙叫到床前，用尽最后的力气对儿子说："文儿啊，妈不行了，妈最后再说一句你要记住，遇到国家有难时更不能赚大家一分钱。"说完，母亲松开手，合上双眼走了……

说到这，老乔当着"老班长"的面，抑制不住地失声痛哭！这是一名老兵的泪……自古忠孝难两全。老乔一边擦拭眼泪，一边对我说："疫情期间，我对得起周围所有的人，唯独没时间照顾好自己的老母亲！……"

这时，我又一次深切体会到，失去母亲是一个儿子最彻骨的也是永远的痛……

　　"向前！向前！向前！"老乔的手机又响了，是求购乔家蔬果产品的客户打来的电话。2023年开春后，乔占家庭农场的业务非常忙。彩铃声此起彼伏，用乔文龙的话说就是"一次次为我吹响冲锋号"……

在另一个阵地上，他依然冲锋在前

记书院镇余姚村老兵沈文龙

胡国良

沈文龙，1943年9月生，中共党员，书院镇余姚村15组村民。

参军入伍六年，他勤勤恳恳、想方设法保障部队给养。工作35年，他持续做表率，忠于职守，驾驶汽车22年无事故。退休19年，他"小车不倒只管推"，退休不褪色，继续彰显着共产党员的时代魅力。

忠于职守，平凡中成就事业

现年80岁的沈文龙，有着不一般的经历。

他八岁丧母（父亲后来续弦），小学毕业后考取农中，读了两年后回家种田。

1962年6月，他参军入伍，进入28军某营机枪连，奔赴福建晋江。他在机枪连一年后转到后勤岗位，以上士身份协助司务长工作，一直到1968年5月退伍。在此期间，他积极向上，于1964年5月加入中国共产党，并连续三年被评为"五好"

沈文龙

战士。同时，他以部队给养员的身份数年坚守一线，认真履行工作职责，以高性价比为选购原则为部队采购物资，尽心提升所属队伍的生活质量。

本来，他极有可能留队，但一是为了帮助家庭、减轻父母的负担，二是为了一份爱的承诺——要知道，他当兵前已经定下了对象，而未婚妻也已经等了他整整五年——于是，他选择了光荣退伍的道路。

回家在生产队又种了一年田，被当时的新港公社教委安排到新港丰产小学代课；代了两年课，他就进了当时新港的农机厂。1976年5月，学习驾驶技术后，成为当时新港最早的一批驾驶员，驾驶公社公务车辆，保障主要领导出行；1996年，他改任乡交管站站长；1998年，他又调任乡农机站副站长；2003年，沈文龙退休。

在退伍后的30多年岁月中，沈文龙面对不同的工作，问计于工、问计于群，从基层群众中获取工作智慧，在每个工作岗位上都出色地完成了本职工作。尤其在新港公社担任驾驶员期间，他尽心尽力、尽职尽责，从未发生任何事故，未出现任何疏漏，在日复一日的工作中展现出一名优秀党员的敬业精神。

党建引领，日常中凝聚群众

刚从岗位上退下来的沈文龙，恰遇"村村通"建设关键时期，他积极协助村建办开展工作。修路时，他进度、质量两手抓，把管理工作做得井然有序。

2006年，沈文龙开启居家生活的崭新一页：在成为一名地地道道农民的同时，也自觉担起党和政府扎根在乡村的哨兵角色——他每天下午四点收看央视国际频道的国际新闻，五点收看央视新闻频道的国内新闻，七点收看上海本地新闻。之后，他及时整理新闻内容，并在日常交流中向村民群众普及最新的政策。

以他家为核心的党群服务点，连续多年每周开展活动，吸引附近的党员和群众自觉参与，形成了稳定的学习交流团体，他的家成了党和国家政策宣传的广播站。

2018年，在村里的支持鼓励下，沈文龙开始在家中开设睦邻点，先是一间客厅和另一个30平方米的灶间，一般聚集20多人，人多时达35人。

睦邻点活动丰富多彩。除了平常交流时政新闻、邻里互助互动外，每周四下午必有一次团队活动。健康服务，请志愿者为老人量血压、测血糖；便民服务，请志愿者为老人理发、磨剪刀；娱乐服务，他教大家画画、下跳棋和五子棋，组织大家唱歌、跳舞、做手工操。比如，七组有一个唱歌唱得蛮好的女同志，他就托她召集一支七八人的小团队，每月两次来睦邻点演出。老人们还经常开展农家小吃制作、品尝活动，包馄饨、做圆子、裹粽子；还组织近距离兜风，让大家享受美丽乡村好风光。

除了作为睦邻点点长，沈文龙还有孝子、仁兄等身份。比如，

沈文龙的证书

从1983年起，他的父亲一直在他家吃住；比他小22岁的"奶末头"沈建妹的婚事，是他一手操办的；后母患肝癌后，屙血、吐血，他和妻子潘凤莲一起悉心服侍……

正是因为沈文龙德厚心善、乐于助人，具有"言必行，行必果"的作风，他在村民中不仅有良好的口碑，而且拥有很强的影响力——村民有喜乐都愿意跟他分享，村民有困难都愿意向他求助。而热心为民的他，也自然成为书院镇余姚村具有标杆作用的优秀党员。

敢于攻坚，平稳中化解矛盾

2021年，重大项目落地余姚村，面对急需上马的大型项目以及拆迁会涉及的众多复杂问题，余姚村把"老法师"们请了出来，沈文龙就是其中一位。

沈文龙先是帮着做一些动迁的前期工作，比如丈量路、绿化、菜园田的面积等；后来评估公司来了，又请他到村里与评估公司一起，对动迁户进行拆迁评估。

"要想枝繁叶茂，先要扎根泥土，使根深蒂固；要想做好拆迁工作，必须心系群众，赢得广大邻居支持。"沈文龙如是说。

参与评估的时候，沈文龙经常利用早晚时间走访邻里，通过交心，了解每户的真实想法。有他参与的评估工作，越做越顺。"干拆迁工作，关键是在'情理法'之间找到平衡点。"沈文龙说。

他把家家户户的切身利益挂在心上，做深、做透、做细双向沟通工作。

沈文龙善于总结工作中的热点、难点问题，既敢于较真、深入解释政策，也重视拆迁户的现实诉求，灵活化解各类矛盾。沈文龙坦言，调解过程有时也实在辛苦，需要调解员把握好分寸，有时还需要一而再再而三地攻坚克难。

就这样，他在十天时间内陪同工作人员走门串户，面对村民动之以情，晓之以理，最终提前三天实现了拆迁签约率100%的目标，顺利保障了项目进度。

沈文龙说："在建设临港新片区、维护百姓利益的工作上，我依然会冲锋在前——把矛盾化解在萌芽状态，实现小事不出组、大事不出村，这就是我作为一个共产党员应有的担当。"

用爱传递好家风

记书院镇"十佳最美敬老个人"乔妹英

陈志强

这是一个春暖花开的下午，我前往书院镇兰馨苑小区采访孝亲敬老先进个人——乔妹英。

乔妹英是一个普通得不能再普通的农村妇女，但提起她，周围的邻居都赞不绝口。她勤劳善良，孝亲敬老，几十年如一日地悉心照料年迈的母亲，用行动诠释着孝与善，用爱传递好家风，曾荣获书院镇"十佳最美敬老个人"。

来到兰馨苑小区，看到已等候在门口的乔妹英正向我们招手，她热情地领着我们走进了她母亲潘翠林的家。

孝敬和睦，写在阿婆脸上

61岁的乔妹英给我的第一印象是体格健壮、性格开朗、为人热情，这是一位勤劳善良的农村妇女。

兰馨苑49号，这是一幢寻常的居民住房。乔妹英的母亲潘翠林就居住在一楼。

"我们原先住在桃园村，因为开发建设的需要，15年前搬到了这里。"乔妹英说，这是母亲居住的地方，她住在新舒苑小区，距离这里只有刻把钟的路，住得近便于照料。

母亲潘翠林的家很宽敞，分成客厅、厨房、卧房等，沙发、茶几、大床、空调、餐具等一应俱全，收拾得也很干净。在过道和厕所等地方，还安装了不锈钢的扶手。乔妹英说，这些不锈钢扶手是去年3月，由兄弟乔引官自己动手安装的。老人年纪大了，最怕跌，有了这些扶手，老人行走和上厕所的时候安全一点。

98岁的潘阿婆坐在沙发上，慈眉善目，背有点弯曲，耳朵有点背，但精神很好。乔妹英的女儿杜青青正陪着她聊天，阿婆笑得眼睛眯成了缝。

乔妹英与母亲潘翠林

看到我们一行人，阿婆笑眯眯地向我们点点头，热情地让我们坐下。"她还会唱山歌呢。"接着，乔妹英在阿婆耳边不知说了一句什么话。"现在政府是真的好，把伲老人当成宝，生活安定，穿红着绿，鱼肉不断……"真是没想到，年近百岁的潘阿婆挥动着双手，张口就唱了起来。

"这个山歌她经常唱的，特别是有镇、居委领导来看望她的时候，一高兴她就会唱。"乔妹英说，母亲出生于贫农家庭，小时候吃不饱、穿不暖，新中国成立后分到土地翻了身，改革开放后更是过上了幸福的晚年生活。贫农出身的潘阿婆，如今每月也有2 500元的退休金，这在过去是连想也不敢想的事情。"谢谢共产党，谢谢政府！"潘阿婆不住地说。

潘阿婆居住的房子是儿子乔引官的，当初拆迁的时候，潘阿婆的房子是和儿子的在一起的。乔引官在派出所工作，为了方便上下班，后来在惠南镇买了房子。所以，这一套120平方米的房子实际上是潘阿婆居住着。住进了宽敞明亮的新房子，底楼既安全又方便，潘阿婆感到很满意。

好几次，乔妹英想接母亲到自己那里住，潘阿婆都说住在楼上不方便，还是住在这里好。潘阿婆为人和善，邻居施阿婆和小区里的一些居民几乎每天都要到她家坐坐，聊聊家常。

乔妹英每天都会前来照料。早餐一般是麦片加牛奶，有时是馄饨；午餐是由居委配送的饭菜；晚餐是由乔妹英在家里烧好了带来的。老人的牙齿不太好，喜欢吃三鲜汤、肉皮、黑木耳、蔬菜、豆制品之类的，乔妹英尽量煮得软烂一点，变着花样给老人做她喜欢的。

父亲去世，担起家庭重担

乔妹英对我说起了她们家的过去。

母亲潘翠林和父亲乔阿龙都是淳朴的农民，在桃园村有三亩多地，种水稻、麦子、油菜和蔬菜等。父亲长得人高马大，除了种地，还经常出去打工，做搬运工、帮人家造房子等。他有力气，又吃苦耐劳，所以邻居造房子的时候，经常请父亲去帮忙，搬运砖头、水泥、黄沙、扛楼板等重活，他总是有求必应。

天不遂人愿，在乔妹英29岁那年，父亲撒手而去了。

那一年，父亲又去帮一户农家造房子，那时候造房子大多用水泥楼板，建造房子的时候需要人力将沉重的水泥楼板扛上去。父亲在扛楼板的时候用力过度，不慎压伤了脊椎。他在家里休息了两个月，觉得还是不对劲，背脊骨一直疼痛，不见好转。那时候的医疗条件比较差，家里人千方百计地带他到市区医院做了磁共振检查，结果是脊椎被压坏了。半年后，父亲不幸去世。

"家里的顶梁柱倒了，家也像塌了一样。"一家人悲痛欲绝。

那一年，母亲潘翠林已是66岁的老人了，受此沉重打击，身体一天不如一天。从那时起，乔妹英毅然担起了照顾家庭的重担。

"15岁那年，我在新港二中读初三，为了替家里挣钱，初三下半学期没有读，回到村里开始干农活。"乔妹英长得像父亲，比较健壮，还继承了吃苦耐劳的优点。耕田、插秧、割麦、打谷、打油菜，她样样都会做。后来，她在村里的一家织布厂工作。下班后，她又到田里劳动，忙忙碌碌，为的就是替母亲分担。回到家里，她还要照料母亲。母亲生病的时候，她为母亲洗脸洗脚、揉腿搓背，端水喂饭。

村民们说，乔妹英像她父亲，吃苦耐劳，为人忠厚，是一个干农活的好手，对母亲也很孝顺。听到这样的话，潘阿婆点点头，心情也好了许多。

孝亲敬老，传承优良家风

有一年初春，母亲潘翠林颈椎神经痛发作，双腿疼痛得无法行走。乔妹英陪着母亲到医院诊治。医生说，这是腰椎间盘突出压迫神经引起的，必须用针灸的疗法疏通经络。于是，乔妹英每天陪着母亲到新港医院去针灸。根据医生的嘱咐，回家还得用艾草煮水为母亲擦身体。乔妹英除了遵医嘱照料母亲，还用热毛巾、电吹风的暖风为母亲驱寒。一日三餐，大小便，洗澡、喂饭，样样都没落下。

那些日子里，母亲不能行走，乔妹英一直陪护在母亲的身边。晚上，每隔两三个小时，乔妹英就会起来看看母亲是否睡了、是否疼痛。如果疼痛发作了，就用热毛巾给母亲敷一下，然后贴上日本进口膏药。这个膏药是乔妹英听了医生的介绍后，特地托人买到的，效果比较好。

功夫不负有心人，两个多月后，母亲终于能下床走动了。乔妹英心里别提有多高兴了，她扶着母亲在村道上散步，和邻居拉拉家常。母亲的病痛消除了，脸上又有了幸福的笑容。

前年8月，母亲的脊椎下面生了疱疹。乔妹英以前也得过这种病，知道这是一种由疱疹病毒引起的病，发病的时候很痛很痛。于是，她立即陪母亲到医院诊治，每天打针吃药，还到黄华村医务室采取刺破水泡、用红外线照射消毒的方法治疗。半个多月之后，母亲逐渐康复。

2019年5月，乔妹英退休了。于是，她有了更多的时间照料母亲。2021年9月，96岁高龄的母亲突然身体不适，不想吃饭，老是说头晕。乔妹英十分焦急，和丈夫一起将老人送到市第六人民医院临港院区治疗。因为正是疫情期间，老人住在医院的十多天里，只有乔妹英一个人日夜陪伴着。打吊针、看病、配药，甚至挂着盐水瓶上厕所，都由乔妹英照料。后来，母亲的病情有了好转，医生叮嘱出院回家后还是要服药，注意休息并增加营养。母亲回到家后，乔妹英仍然每天日夜陪伴照料，有时乔引官也来帮忙。乔妹英对乔引官说："你还在上班，工作忙，这里有我呢。"在母亲卧床不起的日子里，乔妹英主动担起重任，为了让母亲早日康复，每天变着花样给老人做她喜欢吃的，红烧肉、油爆虾、肉末粉丝、炖鸡蛋等，还买来了野山参粉、蛋白粉给老人吃。

2022年3月，在精心照料五个多月后，母亲终于可以起床活动了。乔妹英搀扶着母亲在屋里走动，后来又到户外活动。邻居们看到阿婆又能起来活动了，精神也好了，还能和大家说说话，都称赞妹英的一片孝心。

此后，潘阿婆的身体像是枯木逢春，又恢复了生命力。

平时，乔妹英经常抽空去陪母亲聊天，说说最近的新鲜事，说说村里、老邻居的近况。每逢休息日，乔妹英的老公杜金官、女儿杜青青等都会来看望潘阿婆。杜青青总是不忘给外婆买一些水果点心，还经常给老人洗头、梳头、掏耳朵、修指甲。

孝亲敬老，是中华民族的传统美德，也是一个家庭的良好家风。令人欣慰的是，在乔妹英的带动下，孝亲敬老的良好家风在这个家庭传承着。

乔妹英是一位中共党员，前几年，她还担任着小区居委的党小组长一职，承担着桃园村的环境卫生、美丽庭院建设等工作。在桃园村的"美丽庭院"整治中，她主要负责组织、联络和协调，每天都要安排几十名环境整治人员的工作。但不管有多忙，她一下班就会去看望照料母亲。老公杜金官看到乔妹英很忙，就主动分担了家务和照料阿婆的事情，经常烧好了饭菜端给阿婆。

乔妹英说，每逢节假日的时候，常常四代同堂，相聚一起，很热闹的。儿子、女婿会亲自掌勺烧出美味可口的菜肴。杜金官烧的猪脚黄豆酥烂可口，老人特别喜欢吃。

临别时，我看到乔妹英、杜青青和邻居们还在陪阿婆聊天。

乔妹英家庭合照

午后的阳光从南窗照射进来，映照在阿婆洋溢着灿烂笑容的脸上。

这是采访中给我印象最深的一幕。邻居说，阿婆的子女有孝心，阿婆有福气。我觉得，一个家庭的亲孝和睦，就像温暖的阳光，是看得见的，是可以感觉到的。灿烂笑容挂在阿婆的脸上，如同"亲孝和睦"四个大字映照在阿婆的脸上。

那道照向他人的光

记书院镇"十佳最美敬老家庭"成员唐文仙

陆亚新

孝心似星星，微光穿夜空。

点滴渗美德，家庭爱意浓。

唐文仙是我的初中同学，尽管我们阔别40多年，但是，我们在中久村一见面，她一个甜甜的微笑，一个暖暖的拥抱，仿佛又让我们回到了青葱岁月。从我们愉快的聊天中，我感受到了她像一颗热情似火的种子，那种与生俱来的尊老爱幼的朴素品质，散发着光芒。

孝在家，从一举一动体现

唐文仙在娘家排行老五，是父母最疼爱的小女儿。但是，到了婆家，她是唯一的儿媳。公公婆婆生育了三女一男，在农村，养儿防老的观念根深蒂固。唐文仙作为唯一的儿媳，不言而喻，将来公婆年老了，她会承担更多的责任。对此，她毫无怨言，从进入夫家那天起，她就已经做好了准备。由于她的丈夫在外工作，家里的活全靠她一个人打理。但是，这难不倒勤劳的唐文仙，她除了干好自己的工作以外，还把这个大家庭管理得有条不紊。公公婆婆逢人就说："我们有福气，娶到了一位好儿媳！"就这样，唐文仙在这个其乐融融的大家庭中度过了将近40年的温馨时光。

唐文仙讲述她的经历

可惜，天有不测风云。她的婆婆到了70多岁后，出现走路腿发软的现象。唐文仙以为是婆婆走路不小心导致的，所以常常叮嘱婆婆："走路要小心！"谁知道过了段时间，婆婆甚至出现了摔跤的情况，唐文仙感觉有点不妙，就和老公、姑姐一起带她四处寻医。经医院检查，确认是膝盖骨出了问题。唐文仙当机立断让医生给婆婆进行了膝盖骨置换术。婆婆住院的半个多月里，唐文仙在家和医院之间忙碌地穿梭着。出院后，每天帮助婆婆换药、检查伤口。待稳定后，每天帮助婆婆进行膝关节的功能训练，还要不定期地陪她去医院复查。唐文仙笑着说："那几年，我自己差不多成了半个护工。"

在婆婆回家养病期间，唐文仙又成了婆婆的另一副拐杖。只要她一有空，就推着轮椅上的婆婆漫步在屋前屋后的小路上，成了一道独特的风景。

屋漏偏逢连夜雨！有一天，原本腿有残疾的婆婆，竟然喊额角痛，唐文仙仔细察看，也看不出什么，就带她去医院检查。医生也说不出什么，只配了支药膏对付。谁知道，后来，疼痛弥漫到眉毛，甚至头皮，还出现了密密麻麻的小疹子。这可急坏了唐文仙。他们夫妻俩跑遍了市区的各大医院，访遍了民间中医，最终查明是得了疱疹。于是，每天三次给婆婆涂药膏成了必做的事。看到婆婆皱眉了，就给她按摩；看到婆婆头发长了，就小心翼翼地给她洗头，剪掉溃烂的伤口周围的头发；看到婆婆牙口越来越不好，唐文仙把每道菜都烧得清淡、酥软。孙子吃不惯，有时会抱怨："奶奶，你烧的菜酥酥的、淡淡的，不好吃。"唐文仙听后，温柔地解释道："老太太年纪大了，饮食要清淡，而且牙齿快掉光了，怎么咬得动菜啊？"孙子听了恍然大悟："奶奶，我要和太太一起吃酥菜！"

2022年疫情期间，婆婆也不幸感染了，发烧至40度，浑身酸痛，喉咙嘶哑。唐文仙焦急万分，因为婆婆有哮喘病，一旦发作，后果不堪设想。于是，她一边给婆婆吃事先买好的药，

唐文仙为婆婆梳理

一边每天变着花样给婆婆熬各种粥，烧各种汤，增加她的食欲。看到婆婆情绪低落，就安慰她："有我在，你别怕！一定会好起来的！"经过唐文仙的精心照顾，婆婆终于脱离了危险，她逢人就说："这次幸亏有文仙，她比女儿还好！"

前些年，唐文仙的公公患上了严重的哮喘，常常咳到喘不过气。有一次，公公哮喘突发，由于丈夫不在家，她一边忙着打120，一边连忙与儿子儿媳一起把老人送到医院。半个月里，唐文仙跑医院最勤。她常常几个小时地守着，还给公公拍背排痰，直到老人感到舒服为止。老人出院后，因为上下楼不方便，她直接在客厅给老人开了一个小房间；老人家起夜多，为了方便老人家上厕所和洗漱，又在房间里装修了一个干湿分离的卫生间。2022年开始，公公的身体大不如前，大年夜那天，家家户户都沉浸在欢度节日的热闹氛围中，可公公却起不了床。于是，她和丈夫连夜把公公送到医院，经过检查，得知是肺癌晚期，唐文仙难受得吃不下饭。但是，为了老人的心情，他们隐瞒病情，安慰老人只是肠胃不适。尽管文仙和大姑姐们精心服侍公公，老人还是在医院住了半个多月后离世了。他离世前对自己的老伴说："我知道自己这次挺不过去了，文仙他们对我照顾有加，我已经心满意足了，你要乐观点，不让他们伤心。"

唐文仙的父亲也97岁高龄了，患有高血压、糖尿病等，她不是抽空探望，就是每天打电话提醒父亲吃药，一年365天从不间断。她的父亲逢人就说："我的女儿不仅是我的小棉袄，还是我的小闹钟啊！没有她的坚持，我的身体哪会这么好！"2020年，老父亲看到唐文仙既要照顾公婆，又要照顾他，怕她累着，主动提出住养老院。她就经常见缝插针地烧点可口的小菜去看望老父亲。2022年疫情发生前，老父亲突然全身发痒，文仙便和兄弟姐妹一起带着老父亲四处求医问药。其间，老父亲出现日夜颠倒、拉屎撒尿在床上的现象，四兄妹便每月把老父亲领到自己家轮流照顾。轮到唐文仙时，她就买点父亲咬得动的水果，烧父亲咬得动的菜肴，把鱼肚皮的肉去骨给两位老人吃。尽管老父亲的脑子时常糊涂，把她当作护工，但是，在他脑子清醒的时候，会频频说道："到底是女儿，照顾得比护理院好！"看到老父亲脸上的笑容，看到婆婆身体逐渐好转，能够做些简单的家务，唐文仙觉得自己的付出是值得的。她经常说："家有一老，如有一宝，现在我们家有两个宝，我要好好珍惜！"

2016年，唐文仙家被评为书院镇"五好家庭"——这，是对她行孝的最好褒奖。

孝在外，从一点一滴做起

唐文仙在家是一位勤劳善良的好儿媳，在外还是一位雷厉风行的实干家。

她担任中久村村民小组长已有十几个年头，当我问她："这些年印象最深的是什么？"她脱口而出："在睦邻点服务老年人！"

2016年7月，为了配合"美丽庭院"建设，唐文仙专门腾出三间小平房，在自己家设立了睦邻点。她将每月15日定为便民服务日，会请各行各业的能手，开设修鞋、敲背扦脚、剪发、磨剪刀等服务项目，一直坚持到现在。怪不得一些年老的村民说起便民服务日的活动，都竖起了大拇指交口称赞："文仙妹妹像伲肚子里的蛔虫，知道我们缺啥就提供啥！"

她还在睦邻点拓展了烧水、清理项目，广泛服务于周边其他老年人。我笑着问她："你本身的家庭负担那么重，还把睦邻点设在自家，不累吗？"她笑着说："力所能及地为大家做点事，我已经习惯了。"

2022年3月，正是新冠病毒突袭的时候，那段时间儿子、儿媳妇工作很忙，所以她准备去市区带孙子。可是没待几天，儿子所在小区实行了封控。这打了她一个措手不及。她想到家里的二老，还有自己所在的村民小组。于是，她绞尽脑汁，动用一切力量，只为离开封控的小区。好不容易获得"通行证"后，她又如一匹战马，驰骋在她所在的村民组。防疫物资来了，她和志愿者们一起分发；哪位老人缺药了，她连忙去医院配药。如果附近医院配不到药，她就请特派志愿者去配药。一旦药品来了，她会连夜送到老人手上；谁家缺柴米油盐了，她也亲自去采购……老人们看到唐文仙百忙之中还关心他们的日常起居，无不感动落泪："伲的组长像闺女，啥个事体都操心。"

这些年，她儿子成家立业后住在市区，她更是忙得像一只旋转的陀螺——周一到周五，负责孙子的接送工作，中午为回家的儿媳准备好饭菜，成了一位"买汰烧"阿姨。周末又赶回书院，照顾公婆二老。如此循环，任劳任怨。

交谈间，我无意中得知她动过两次大手术，2006年做腰椎间盘突出症手术，2011年摘掉一个肾脏——这让我不由得对她肃然起敬！

采访结束时，唐文仙淡淡地说："我们每个人都有一个小家，自己也都有老的那一天，能够及时行善，既是职责，也是做人的本分。"

是啊，一户只是一个小家，一组就是一个大家。她只是一盏灯，可她愿把这道光照向他人，温暖他人，唤醒他人。

唐文仙，就是那道照向他人的光！

爱心开出向阳之花

记书院镇"十佳最美敬老家庭"成员孙仁芳

唐靖云

卡耐基说过，美丽的外表只能创造初次接触的机会，而人格魅力才经得起时间的考验，渗出沁人的芬芳。

也许，这段话用在孙仁芳大姐身上是妥帖和契合的，孙大姐正是用她的真诚、善良、包容及强大，年复一年地坚持播种，让书院镇桃园村人心里开出了一朵朵向暖、向上、向阳之花。

久别重逢，应是有缘人

说起我跟孙仁芳大姐的缘分，还得追溯到2020年。清晰记得第一次见面的场景，在柳丝随风摇曳的日子，我和孙仁芳大姐相约在书院镇桃园车站见面，未曾谋面的我们一见如故。在孙大姐的带领下，我走进了位于桃园车站旁的一幢乡间别墅，也因为这一次会面，我跟孙大姐结下了难得的情缘。后来虽没有再见面，但微信上一直保持着联系，心中的情缘一直在。

有些遇见，都是冥冥中注定的，或早或晚，都在来的路上。2023年5月20日，一个阳光明媚的早上，怀着既忐忑又激动的心情，我再一次走向那幢小楼。孙大姐在屋外忙碌着，回眸四目相视刹那，久别重逢的我们，都在第一时间认出了彼此。我上前一步握住孙大姐的手："孙大姐，我来看你了，还记得我吗？""妹妹，是你，我记得，我当然记得你呀。"

寒暄之后，我往里屋不断张望。孙大姐似乎觉察到我内心的询问，她的神色变得有些暗淡，随后慢慢地说："妹妹，我老妈老爸在今年年初相继离开了，这期间几经折腾，反复转院抢救，住进ICU……还是医治无效都离开了。"我不禁鼻子发酸。孙大姐接着说："老妈因为有基础病，感染后比较煎熬痛苦，但老爸老妈走的时候是很安详的。"孙大姐说到情深处，有些哽咽，可以看出，她在努力控制着自己的情绪。

听闻此讯，有些遗憾和感伤，思绪也随之翻滚起来，仿佛回到了2020年初见两位老人时……

老有所乐，养父母之心

那是在2020年4月，乍暖还寒，微风不燥，一切刚刚好。因书院诗社"孝动书院"栏目，我去采访孙大姐，在大姐新建成的桃园村的小院里，初次见到了孙仁官和黄来娟二位耄耋老人。别看两老已80岁开外，但精神矍铄，笑声还如铜铃般响亮。

听孙仁芳大姐说，小别墅是2019年新翻建的，父母在2019年国庆期间正式入住。之前的老宅是在20世纪70年代建造的，经过多年的风吹雨打，已经破旧不堪。2018年夏天，接连不断的刮风下雨使老屋出现了严重的漏水。外面是滂沱大雨，屋里则是小雨绵绵。看到这样的情景，孙仁芳夫妻夜不能寐，与妹妹们多次商量，决定姐妹仨出资把老宅进行翻新改造。终于在2019年10月2日，随着阵阵鞭炮声、亲朋好友的祝贺声，老人家满面笑容地住进了这幢乡间别墅。

退休后，父亲孙仁官对一下子变清闲的生活有些不适应，女婿乔明初知道老丈人喜欢钓鱼，就为他买来了整套钓鱼装备。考虑到老人家一个人在河边有安全隐患，乔明初寻找到合适的钓鱼点，一有空就陪同老人一起去。父亲还爱看报看书，特别注重健康养身，孙仁芳就鼓励他走出家门，去参加社区的"读书读报点"活动。志趣相投的老伙伴们谈养生锻炼、聊国家大事，退而不休的生活状态，使孙仁官老人家每天都神采奕奕。

母亲黄来娟喜欢唱曲听剧，还喜欢旅游。在孙仁芳的倡导下，姐妹几个每年都会带二老出去游山玩水，看看外面的世界。2019年的7月，孙仁芳和妹妹们带着二老来到了江苏溧阳的南山竹海。行走在竹海深处，呼吸着天然氧吧里的氧气，品尝着特色菜肴，旅途的种种乐趣让二老神清气爽，心境开阔。

《诗经》曰："父兮生我，母兮鞠我。"父母养育塑造了我们，呕心沥血。当父母老去，我们又该如何去回馈这血浓于水的深情呢？对于年迈的孙仁官老夫妻来说，子女相伴在旁就是晚年最大的幸福；而对于孙大姐来说，让父母"老有所居，老有所乐"是最好的孝顺。

老有所怡，养父母之神

百善孝为先，孝贵在行动，行孝不能等。随着父母日渐老去，很多生活重担都落到了孙仁芳大姐身上。孙仁芳虽然没和父母住一个屋檐下，但她每天必到父母那里报到，为父母买好菜，准备好一日三餐。每个双休日陪父母吃饭，和父母说说话、聊聊家常。天气晴朗时，给父母清洗衣服床单，洗头剪指甲，陪老人家在别墅四周散步，晒太阳。

在物质资源贫乏、生活穷困的年代，为了改善生活，孙仁芳的父母日夜辛苦劳作，透支了体力，到年老时身体就出现了多种疾病。特别是母亲黄来娟，有糖尿病、高血压等慢性病，需要定期去医院就诊、复查，一年四季药不断，更不能劳累和情绪激动。孙仁芳每次都陪父母去医院检查，偶尔有事脱不开身，就让丈夫乔明初陪同前往，并千叮咛万嘱咐要照顾好父母。

孙大姐视父母为手心里的宝贝般呵护着。在2019年的3月，妹妹孙玉兰在体检时查出肺上有个结节需要手术，术后需要静养。孩子是母亲身上掉下的一块肉，黄来娟看到在病榻上受病痛折磨的二女儿，寝食难安，一下子消瘦了。孙大姐看在眼里疼在心里，知道母亲心疼妹妹，就主动担起了照顾妹妹的重任。

于是，从妹妹住院动手术，到出院在家静养期间，孙仁芳雷打不动、风雨无阻地帮妹妹做各种家务，还定期陪她去医院复查。长期治疗与康复所需的花费，对于一个普通家庭来说压力颇大。孙仁芳就和丈夫商量，拿出了自己的积蓄为妹妹解燃眉之急。在孙仁芳的细心照顾下，妹妹病情不断好转，脸色也红润了，黄来娟老人家的心结打开了，脸上又浮现出了慈祥的笑容。

"母慈子孝，兄友弟恭"在孙仁芳家庭再现了。一个家庭，父母可以渐渐老去，家门可以斑驳失色，但骨肉亲情不可丢。在家排行老大的孙仁芳，守护父母，怡养着父母的心；照顾妹妹，替父母撑起了一片天。

爱在桃园，开向阳之花

万事来去都有时间，当获悉孙大姐老父老母已离去时，我内心唏嘘生命无常，同时愈发觉得，对活着的人要珍惜要善待要厚爱。孙大姐说："老爸老妈刚离去的一段时间里，是家人、邻里街坊的关心和帮助，才使我慢慢走出悲痛的，所以我要更加珍惜当下的每一天。"

其实，孙大姐是个闲不下来的大忙人，在桃园村堪称明星人物，几乎家喻户晓。孙大姐不仅参与，还直接负责桃园村的各大社区活动，是书院睦邻点的代表人物。她几十年如一日，默默奉献着。

　　爱好舞蹈的孙仁芳组织桃园村的舞蹈爱好者成立了"阳光舞蹈队"。作为舞蹈队队长的孙仁芳，先是自学舞蹈，然后编排舞蹈，再教授姐妹们。十姐妹情深义重胜似亲人。舞蹈队不仅代表桃园村参加汇演，还代表书远镇下乡巡演，参加了很多比赛活动，

孙仁芳编排舞蹈音乐（上），阳光舞蹈队表演留念（下）

深得桃园村民的喜爱与赞赏。

书院人淳朴善良，睦邻友好。在"美丽庭院"建设中，针对社区居民的老龄化状况，桃园村成立了"睦邻友好""老伙伴志愿者"等爱心活动团队，孙仁芳是村"睦邻友好"队的队长，还是桃园村"老伙伴"的志愿者。她每个月都会带上礼品慰问村里的一些独居老人，还为他们打扫居所、清洗被褥，送上温暖和关爱。孙大姐用她最淳朴的行动诠释了"老吾老，以及人之老"这个传统美德。

如今孙仁芳已届耳顺之年，但浑身上下依旧充满着力量，她把自己的热情源源不断地传递给身边的亲人、邻里乡亲。记得在2020年全民抗击疫情的战斗中，为了阻断疫情的传播蔓延，乡村小路都筑起了隔离关卡。"阳光舞蹈队"在孙仁芳的号召下，主动请缨参与志愿者工作，她们"白加黑"地轮班坚守道口，说服村民安心宅家，给村民宣讲疫情防控知识。夜以继日的工作使眼圈也黑了，但她的精气神一丝不减，轮到休息时，她还充当快递员，为居家隔离的村民买菜，送去生活物资，还自发为在春寒料峭中值守的志愿者送去热腾腾的汤圆。孙仁芳和她的姐妹们，放弃了安心宅家陪伴家人的时光，风里来雨里去，冲在疫情防控最前沿……

古语云，格物致知。今天，当我走进桃园深处孙大姐的小院时，当与孙大姐相视而笑促膝长谈时，当意犹未尽起身道别时，感受到的是桃园乡土的气息和大自然的生气，还有从孙大姐身上传递出来的一股浓浓的乡情、亲情、人情。

　　情洒桃园。原来，有些情感已在不经意间透过皮肤，浸润到骨髓血液里，在生命的每一天。

平凡如石

记书院镇"十佳最美敬老个人"谈梅芳

陆亚新

说起石头，相信大家并不陌生，平凡得不能再平凡了：石头铺成的路面，石头砌就的台阶和建筑，石头装饰的墙面和雕塑……可见，石头早已成为我们生活的一部分。

看到石头，我想到了他，一位生活在东海之滨浦东书院的志愿者谈梅芳老伯，他就像那铺满路基的石子，默默地，在缤纷的岁月里守望着家园。

宁做一块铺路的鹅卵石，默默付出

再见老谈是在一个艳阳高照的春天，他撑着一把伞，站在路边迎接我们的到来，脸上的笑容比阳光更灿烂。如果不是事先得知他已臻耄耋之年，我还以为他只有60岁开外。我们从他的工作经历聊起，这一下子打开了他的话匣子。他一再强调："虽然我不是共产党员，但是我的父母都是共产党员，因此，我始终以一位党员的标准要求自己，为他人做一些力所能及的小事。"是啊，他默默无闻地从事志愿者工作，一做就是20多年，不由得令人肃然起敬。他做的事，虽然是细小的、朴实的，但是每一件事都犹如他的名字——梅芳，散发着淡淡的幽香。

老谈与志愿者结缘纯属偶然，但也是必然，这与他原先从事的工作不无关系。他曾是农村里最早的村医，后来担任余姚村的卫生干部，再成为村里的会计，最后从新港化工涂料厂退休。由于他所从事的工作大多是与左邻右舍打交道的，所以也为他后来能胜任志愿者的工作打下了扎实的根基。

一个偶然的机会，他走进了村里的老年活动室，遇到了比他年长几岁的黄全发老哥。他很好奇，这位全发老哥是村里红白喜事中的大忙人，怎么有空光临老年活动室。通过聊天，老谈才得知黄大哥兼职负责老年活动室的工作，由于工作忙碌，产生了力不从心的烦恼。老谈得知情况后，立刻表态："老哥，哪天你要忙，尽管吱声。"就这样，老谈经常去老年活动室，负责起日常的清扫、开门、关门等工作。帮忙的次数多了，老黄提出干脆让老谈负责，他二话不说，一口应承。就此，老谈踏上了志愿者之路。

每天中午11点，是老年活动室开门的时间，老谈总会提前半小时到达。烧烧开水、扫扫地、整理整理纸牌，这样的工作要一直忙到下午四点活动结束，然后再清扫室内，最后关门。时间一长，家里的小辈有些担心："老爸，你自己年纪也大了，每天去活动室不累吗？"老谈笑笑说："不累不累，扫扫地、倒倒茶，活动活动筋骨，与人聊聊天，心情愉快了，身体就更棒了！"小辈听了，打消了顾虑。

老谈刚接手活动室工作时，发现有些村民有随地吐痰的陋习。开始，老谈总会善意地提醒大家，但是，总有村民屡教不改，老谈就默默地擦掉痰迹。总有粗心大意的村民把手机、钥匙、公交卡等物品遗忘在活动室，他会先保管好，等失主想起来找到他，他就物归原主。时间一长，村民们感受到他的善意和不易，就变得自律自觉多了。

每天来活动室的老人不定，但是有一位特殊的常客——身体残疾的孙阿婆。孙阿婆的爱人喜欢玩牌，每天把轮椅上的孙阿婆推到活动室后，自己就跟牌友们切磋牌技去了。于是，照顾孙阿婆的任务就落到老谈身上。他把自己的座椅让给孙阿婆，让她能够坐得舒服一点。又倒上准备好的茶水，陪着孙阿婆拉拉家常，打发无聊的时光。

去年疫情期间，村里考虑到老谈年事已高，不再安排任务给他，但他却冲在最前面，报名参加志愿者工作。维持秩序、分发物资，向邻居宣传防疫保健知识，做好心理疏导等工作。村干部为了避免他外出可能面临的不安全因素，就把老年活动室放在他家里。这下，全家总动员，把宣传标语、注意事项等内容张贴在两堵洁白的墙面上，室内也打扫得窗明几净，还准备了全自动麻将机供村民娱乐。家里的老伴自然也成了志愿者。

寒来暑往，几度春秋，老谈从2002年起一直坚持到现在。每天雷打不动，两点一线，像一颗平凡的鹅卵石，铺在了家与邻居家的路上，铺在了棋友和牌友的脚下，成了连接老人与活动室的纽带，让前来活动的村民有一种宾至如归的感觉。怪不得村民们交口称赞："老谈在哪里，快乐就在哪里！"

与其说是一块鹅卵石，不如说是一块磁石

老谈除了每天负责老年活动室外，还加入了义务宣传志愿队。每周三下午，他安排好老年活动室的工作后，就来到睦邻点，协助负责人周文娟的工作。

每到夏天，老谈发现村民得急性肠胃炎的比较多，原因主要是大家不重视食品卫生。有些村民节俭惯了，隔夜菜舍不得倒掉，有时放冰箱，有时干脆把窗口作为食品"纳凉"的地方，殊不知，细菌繁殖很快。于是，他指出了这样做的危害，并倡导村民不吃或者少吃隔夜菜。他还告诉村民："把西瓜放冰箱冷藏，会不断繁殖细菌，也会引起急性肠胃炎的。"大伙儿听了他的讲解，也慢慢重视起来。

疫情刚开始时，有些老年人满不在乎，出门常常忘戴口罩，也没有养成好好洗手的习惯。于是，他拿出过去当赤脚医生的本领，耐心地教大家如何洗手。开始，大家并不领情，认为老谈小题大做，谁不会洗手，但是老谈严肃地分析道："不要小看洗手，它可以阻挡很多病菌。"听了老谈讲解认真洗手、天天戴口罩的好处后，村民们逐渐重视了起来。

有次，他听到有些老年人在以讹传讹，于是，他化身宣传达

人，把正确的信息传递给老年人。他还常常给大家读报纸，帮助老年朋友了解时事新闻，将各类最新政策和信息传递给大家。

谈梅芳带领大家读书看报

时间长了，每次活动，大伙儿总会盼望他过来，把他当作身边的定海神针。每次老谈一来，众人总会围上去询问："谈医生，今天给我们讲点啥知识？"

这就是老谈，他就像一块磁石一样，无论来到哪里，总会吸引更多的邻里伙伴；他就像一颗开心果，给周围的老伙伴们带来了快乐；他更像一位传道授业的解惑者，把健康知识带给了伙伴。

是金子，总会发光；是宝石，总会生辉

随着人们生活水平的不断提高，我国80岁以上的老人越来越

多，老谈所在的村里80岁以上的老人就有50位。自村里"老伙伴志愿者"服务活动开始后，闲不住的老谈成了其中一员。老谈大都采用上门的方式关心结对老人。

一次，他如约来到结对的黄全发老人身边。看到老谈来了，他立即诉苦："昨天我在路上散步，被一堆混凝土块绊倒了。"老谈听了一愣，连忙撩起老黄的裤腿，发现膝盖处不但磕破了皮，而且还泛着乌青色。原来，老黄因为年迈，加上眼疾影响了他的视线，所以不平整的村路让他摔了跤。

安慰好老黄后，老谈迅速回到家里，拿出锤子和凿子，来到老黄摔跤的地方，果真发现了一大块凸起的混凝土块，足足有二三十斤。由于锤子小，凿子钝，老谈足足花了一刻钟才清理完，等把路面凿平，手上已起了水泡。

为了不让像老黄一样行动不便的老人出行再出意外，老谈又多了一项工作——不定期巡视村路。锤子和凿子成了他随身携带的工具，只要看到路上有掉落的混凝土渣，他就拿出工具清理干净。到现在，这项工作老谈也已坚持了八年多了。

当问他，一人身兼数职累不累时，他爽朗地笑了："不累，不累，和那些老哥哥比，我还年轻着呢！看到我的工作得到大家的认同，我还是蛮开心哩！"接着，他话锋一转，说出了大多数老人的心声："老一辈的人家庭观念重，总希望小辈围着自己转。但是小辈有自己的家庭，承担着养家糊口的重任，只有互相体谅，老人才不会孤独，小辈才不感到烦恼。"

　　不是不累，而是把累转化成了一种爱，一种无声的诺言！我们常说，坚持把简单的事做好，就是不简单；坚持把平凡的事做好，就是不平凡。老谈所做的事虽然都是细小的事、琐碎的事，但难能可贵的是，他20多年来坚持如一日，这就是不简单！他就像沙砾下的金子，始终闪闪发光；如一块温润的宝石，始终熠熠生辉。

谈梅芳的荣誉证书

　　这真是：

　　一颗真心捧在手，耄耋之年还坚守。

　　朴实无华热心肠，平凡如石解民忧。

孝和爱，一直在路上

记书院镇洋溢村王勤标家庭

周彩燕

"你始终出现我梦里，爱你爱得那么神秘，想你的时候感觉是那么地甜蜜，就像春风掠过心底，我许下心愿在心里，就这样一直陪伴你……"一路单曲循环《爱的世界只有你》，我驱车从临港大道往东、老芦公路往南前行，在"520"这样一个爱意融融的日子，我向着洋溢村807号进发。

初见王勤标老人时的情景如同胶片电影，一帧帧地在眼前快速播放着。王勤标老人的房子是两层的楼房，门外的围墙上"奉先思孝，处下思恭；倾己勤劳，以行德义"的家风家训格外醒目。当时，坐在门口迎接我的是一位满脸褶皱、面容慈祥的阿婆，她就是王勤标老人的岳母刘火连。那天正值中午，老人坐在门口晒太阳，见有客人来，灵活地起身相迎，笑的时候，露出仅剩不多的几颗牙齿……

"到了到了，就是这家，我们快进去吧。"洋溢村老龄干部严芹华的话语一把将我从记忆中拉了回来。还没踏进王勤标的家门，一阵浓郁的香味迎面飘过来，肥美多汁的红烧肉，软软糯糯的土豆炖排骨，刺激着我的味蕾。只见系着红色围裙的王老伯一边在

王勤标烧了一桌好菜与爱人唐琴芳共享

农家灶头上炒菜，一边深情地看向爱人唐琴芳。当热气腾腾的饭菜端上桌，王老伯习惯性地给爱人夹菜，有说有笑，农家灶台的柴火味，散发着其乐融融的家的味道。

夫妇俩刚放下碗筷，王勤标就冲调了一碗营养米糊，夹了一块红烧肉匆匆走进里屋。原来是刘阿婆前阵子不慎摔了一跤以致骨折，目前还在静养。家政服务员正在为老人打扫卫生。刚摔跤的那晚已近半夜，王勤标毫不迟疑，连夜将阿婆送到了医院，拍片、验血、配药，一整套流程下来，王勤标几乎一夜都没合眼。

都说伤筋动骨一百天。阿婆骨折的两个多月来，吃喝拉撒全在床上。王勤标夫妇每天给老人喂饭、梳头、洗澡擦身……只要老人身体健康，夫妻俩吃多少苦、受多少累都心甘情愿。王勤标常对爱人说："人生有三件事要做好——为工作尽职，为父母尽孝，为子女尽责。"多年来，他恪守孝道，善待家人，用自己的实际行动传承着孝老爱亲的家风。生活中虽然有苦有累，但却到处充溢着沁人心脾的芬芳。

勤劳是他生命的底色

看着门前一排排碧绿茁壮的玉米，再看看眼前这个皮肤黝黑、手掌皲裂的朴实农民，谁能想到，王勤标以前还当过单位里的一把手呢。随着我们聊天的深入，王老伯也逐渐打开了记忆的闸门。

退休前，王勤标一直在原南汇水务局下属的海塘管理所工作，这一待就是好几十年。重复单一的工作是艰辛的，更是孤独的。其间，他主要负责管理海堤、滩涂和绿化。虽说担任过领导职务，但王老伯的言谈举止很低调。

爱人唐琴芳曾是一名车间工人，现已农保退休。虽然王勤标和老伴的身体都不大好，但夫妻二人对未来的生活依然充满了期盼。老两口不仅把家里的菜园子打理得井井有条，还辛勤耕作了四亩多田地，种了水稻、小麦等作物。采访间隙，当我把羡慕的眼光投向田间地头一畦畦的有机蔬菜时，勤标老人的脸上洋溢着喜悦和满足之情。

一个人做一件事不难，难的是一辈子坚持做一件事。对于自己热爱的事业，王勤标有着自己的追求。因为工作业绩突出，他先后被评为局先进工作者，被聘为助理政工师，还多次荣获记功奖励，深受员工的尊敬和爱戴，被大家一致推选为书记。坚韧、负责、不怕吃苦、强烈的集体荣誉感，这些令工作成功的优秀品质，在王勤标看来，与年轻时当兵的经历密不可分。

说起六年的当兵生涯，王勤标难掩内心的激动。原来，当年王老伯母亲去世的时候，他还在吉林省延边当兵，即便已经马不停蹄地往回赶了，还是晚了六天。提及往事，王勤标一度有些哽咽。"当兵的经历，是我人生中最宝贵的财富，不仅锻造了我坚韧、勇敢的品格，还让我学会了吃苦、担当和感恩。"王勤标如是说。

善良是他不变的坚持

王勤标有六个兄弟姐妹，他排行最小。由于家中条件差，1969年经人介绍，"嫁"给了邻村九组唐家长女唐琴芳。结婚后，王勤标便将岳父母接到家中一起生活，从此就再也没有分开过。

由于当时的医疗条件有限，王勤标的父母因病先后去世。子欲养而亲不待……正是因为有过这样的经历，王勤标才愈加懂得亲情、孝心的可贵。

"岳父母就是我的父母，他们岁数都大了，吃了一辈子苦，为人子女应尽可能地让老人过得幸福快乐一些。"王勤标这样说，也是这样做的。18年前，岳父不幸患上了胃癌。在前后三个多月的时间里，王勤标夫妇俩忙前忙后，日夜守护在病床前，擦洗身体，喂药喂饭，给老人按摩，甚至接大小便……这一系列的举动，让老人深深地感受到了幸福和温暖。岳父的后事，也是他们夫妇俩一手操办的。岳父去世后，王勤标为了不让刘阿婆感觉孤单，总是会抽出更多的时间陪老人聊天解闷。

几年前的一天，刘阿婆突感不适，晕倒在地。幸亏王勤标在家及时看到，他马上叫儿子开车将阿婆送到医院。经查老人是因为血管硬化而供血不足，才出现了头晕的现象。从那之后，王勤标就非常用心地观察老人的身体状况，一旦发现老人有不舒服的情况，就立即送她到医院去检查，并叮嘱老人按时服药。在王勤标夫妇的悉心照料下，老人虽然年事已高，但身子骨还算硬朗，精神状态也不错。一说起女婿王勤标，刘火连笑得合不拢嘴："小标知冷知热，细心、耐心、会照顾人，比我亲闺女还亲哩。"

公益是他一直在做的事

爱如果只停留在一家人之间，那么这种爱是小爱，如果把这种爱、这份情延伸到亲朋邻里甚至陌生人身上，那么就成了一种大爱。当被问及有何兴趣爱好时，王勤标淡淡一笑："我的厨艺还行。"以前农村还没有"酒席一条龙服务"的时候，但凡有婚丧嫁娶，都是街坊邻居亲朋好友前来帮忙。每当这时，王勤标就会主动请缨，担当掌勺师傅，由他烹饪的美食总是色香味俱全，特别是农村喝喜酒流行的"八大件"，包括全鸡、烤鸭、红烧蹄髈等，都是他的拿手好菜。虽然每次一站就是一整天、一烧就是几十桌，一天忙下来手和肩膀都会酸得要命，但王勤标却乐在其中。最重要的是，每当东家要给他误工费时，他总是婉言谢绝："都是乡里乡亲的，出点力帮点小忙这都不算啥。"

退休不褪色、离岗不离党。当我问他何时入的党时，王老伯骄傲地伸出一个手掌，说："整整50年了。"在担任九组村民代表的十余年里，王勤标把自己形容成村民的传声筒。虽是传声筒，但也喊破了嗓子，干出了样子。作为一名老党员，他积极投身美丽庭院、美丽乡村建设，担任"美丽庭院"项目志愿者，认真做好村民的思想工作。在他的引导下，村民们不仅把自家庭院收拾

王勤标的美丽庭院里生机盎然的玉米

得整齐干净，更是利用闲置区域栽花种草，把自家的小院装扮得越来越有"颜值"。

传承美德是他最大的心愿

人生最不能等的三件事：孝、爱、善。

王勤标夫妇的生活虽充满了坎坷，但两人相濡以沫，互敬互爱，风雨同舟，共同克服了生活中的许多困难，从来没有因为生活上的琐事红过脸、吵过嘴。婚后，他们育有一儿一女，夫妇俩敬老爱老的举动也在潜移默化中影响着子女。儿子王学礼今年57岁，从事煤气管道工程工作，无论对待工作还是家庭他都极具责任感。女儿唐海燕55岁，从事家政服务工作，和王勤标一样，她坚持要将敬老爱老的事业进行到底。

疾病是检验孝行的试金石。在疫情发生前的一次体检中，王勤标被查出肿瘤指标偏高，经复查确认罹患早期前列腺癌，并先后动了两次手术。住院期间，王勤标的衣食起居一直由儿子女儿轮流照顾。"看到两个孩子互相理解、互相帮衬，还这么孝顺，我感到很满足、很欣慰。"王勤标嘴角上扬，喜悦之情溢于言表。

维系家庭的不仅有血缘，更多的是无言的大孝情怀。对过去的苦难，王勤标不愿再多提；对以往的担当，他也不愿挂在嘴边。

在他看来，家和万事兴，孝亲是最美的风景。

打造"4+7"综合体，
为社区养老幸福"加钙"

书院镇

一、基本情况

书院镇位于浦东临港地区，与泥城、万祥、老港三镇毗邻，行政区域面积54平方公里，下辖22个村（居），户籍人口5.3万。截至2023年1月，全镇户籍老年人口1.77万，占户籍总人口的33.4%。其中，80岁以上老人3 226人，占老年人口的18.2%，纯老家庭7 096户，独居老人1 753人，已进入深度老龄化阶段。

如何让子女不在身边的农村老人享受到良好的照护、养老服务，成为书院镇党委、政府多年来一直致力解决的难题。在积极构建"15分钟养老服务圈"的过程中，书院镇坚持党建引领，逐渐发展出"4+7"综合为老服务中心（家园）体系，形成书院养老事业发展的新模式。书院老人有了一个不离乡土、乡邻、乡音，在家门口安心、放心、舒心养老的新选择。

二、做法与成效

（一）加强顶层设计，加密设施布点

整合盘活资源。建设村居综合为老服务体，遇到最大的瓶颈

就是寻找合适的场地。在新区民政局的指导下，积极发挥区域化党建的价值引领和资源整合作用，经过实地走访调研，充分挖掘盘活政府存量、闲置用房资源，联合相关职能部门、村居一起进行梳理整合，结合"15分钟生活服务圈"进行均衡布点，因地制宜地建设综合为老服务设施。截至目前，已建成11个综合为老服务体并投入使用。

优化机制管理。我镇综合为老服务体采取"政府建设+社会化运行"模式，由专业第三方社会组织通过政府购买服务项目承接运行。为规范全镇综合为老服务体的运营与服务水平，制定统一的日间照护服务管理办法，规范服务标准与奖惩措施，对服务组织进行日常监督、检查、考核和奖惩。

外灶村综合为老服务家园

完善功能设置。在功能设置上，针对老年人群特点，集合了日间照护、助餐助浴、活动娱乐、保健康复、养老顾问等多种功能。已建成的4个镇级综合为老服务（分）中心与7个村居综合为老服务家园，连点成片、连片成网，形成"4+7"社区综合为老服务网，将这种集健康娱乐、养老照护、康复服务为一体的健康养老新模式辐射至全镇，送到农村老人的家门口。

（二）注重党建引领，实现共商共议

如何最大限度地发挥综合为老服务中心（家园）的效用以更好地服务辖区老年人？在建设过程中，充分注重接地气，运用"三会"制度问需于民、问计于民，积极听取群众的建议、心声，着力贴合老百姓的实际所需。如中久村党组织在召开综合为老服务家园建设听证会时，邀请了党员、村组长、村民、驻村律师、工艺设计师、共建单位等主体代表，多方参与、集思广益、民主协商，最终形成了关于空间布局、功能设置、服务管理的完整方案。将"三会"制度融入家园建设，把最好的资源留给老百姓的同时，更进一步提升了群众的参与感和获得感，激发出自治共治的内生动力。

（三）关注特殊需求，拓展服务内容

在调研走访中，我们发现由于书院地处远郊地区，书院老年人对于享受优质的医疗保健和获得良好的心理慰藉等方面有着较为迫切的需求。为此，书院镇积极探索尝试拓展新的服务项目，在提供日间照护、助餐助浴、文体娱乐等基础服务上，联系优质

的社会组织，推出了团康理疗和园艺疗法两大特色服务项目，受到了极大欢迎。一方面，由专业康复师制订个性化康复训练计划，老年人借助康复器材和康复运动，提高身体控制能力；另一方面，老年人通过微景观制作、插花等园艺实操活动，舒缓情绪，促进身心健康。

三、 典型案例

"自从今年6月7日余姚村委办了老人日托站以来，短短三周，我妈的精神状态出现了明显变化，每天回家脸上洋溢着笑容，身体状况也有好转。每天按摩，老腰的疼痛缓解了许多。上周村委还特意请了扦脚师为每位老人扦脚。说实在的，这些举措我们做子女的恐怕也很难做到……"2020年，余姚村综合为老服务家园开办没多久，书院镇就收到了一封感谢信，一位余姚村的老人家

日间照护中心（日托站）活动

属详细描述了母亲入托余姚村综合为老服务家园后的精神状态和身体机能的转变，特别是见证了工作人员无微不至的悉心照料后，十分感动，由衷地为这种"家门口"的养老模式点赞！

四、成效启示

书院镇"4+7"为老服务综合体成了基层村居委日常工作联络站，围绕镇党委、政府的重点工作，在"家门口"建设、志愿者服务、"美丽庭院"、乡村振兴等方面发挥了积极的作用。同时，为老服务综合体与农村养老睦邻点、长者食堂等社区养老服务相互支撑、相互融合，有效提升了农村老人在家门口养老的幸福指数，为社区养老幸福"加钙"。

书院四好农村路

下阶段，书院镇将持续巩固养老服务发展成果，坚持党建引领和"以人民为中心"的原则，以满足老年人对美好生活的向往和需求作为养老服务工作的出发点和落脚点，实施积极应对人口老龄化的国家战略，夯实基本养老服务基础，大力发展普惠型养老和互助性养老，逐步增加中高端养老服务供给，着力满足书院老年群体多层次、多样化的养老服务需求，实现书院养老服务事业的蓬勃发展。

"每日饭饭"，打造书院老人的幸福"食"光

书院镇

一、基本情况

书院镇行政区域面积54平方公里，下辖22个村（居），户籍人口5.3万。截至2023年1月，全镇户籍老年人口1.77万，占户籍总人口的33.4%。书院镇老龄化程度还在不断加深。老年人的年岁增长使得身体机能下降，出门买菜、开火做饭多有不便，甚至可能引发安全事故。家里老人吃饭不便的问题，越来越成为在外奔波的子女们牵肠挂肚的一件事。

小饭碗装着大民生。为满足社区老年人助餐的民生需求，重点解决失能失智、空巢独居、留守老年人等的吃饭难问题，经过前期充分走访调研，书院镇启动了"每日饭饭"社区送餐公益项目。每日一餐，将饭菜送至老人家中，打通为老服务的"最后一米"。通过"政府补一点、老百姓付一点"的惠民补贴模式，构建"一级＋二级"送餐服务网络，实现了村居送餐服务全覆盖，照亮了书院老年人的幸福"食"光。2018年至今，"每日饭饭"项目累计送餐35万客，政府补贴投入共计240.53万元。

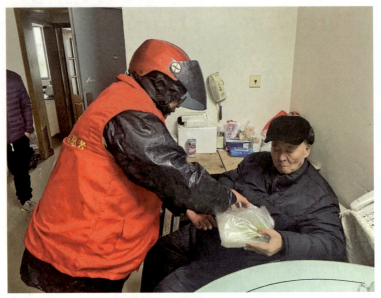

"每日饭饭"送餐至老人手中

二、做法与成效

(一) 构建服务网络，试点先行

"每日饭饭"项目建立了"一级+二级"的送餐网络覆盖机制，通过"镇长者食堂+村居'家门口'服务站+老年人家庭"的三方衔接、"工作人员+志愿者"的两级配送，进行覆盖全镇的配送餐服务。项目自2018年4月起在两个村内先行试点，每天配送十元标准午餐一份，政府根据不同人群给予一定补贴。试点最初只有20几位老人，试行一段时间后，越来越多的老人加入了订餐行列。项目试点成功后，同年在全镇村居推开，受到了老年家庭的普遍欢迎。2022年，"每日饭饭"项目全年累计送餐近七万客，取得了良好的社会效益。

（二）弥补发展短板，社会助力

书院镇两个长者食堂分别处于南北两个中心镇区，配送范围覆盖全镇村居。镇域面积大，而农村老人的居所又分散或偏僻。最远的距长者食堂十几公里，一个志愿者一圈十几个人送完要一个多小时，不仅影响饭菜的口感，冬天天气冷时更难以保证温度。为解决项目遇到的难题，进一步提升项目能效，我镇积极鼓励社会力量助力民生公益事业发展。在市、区老龄委的多方牵线下，两家爱心单位给予捐款，用于添置爱心送餐车和保温设备。捐赠的爱心助餐车单趟能装四五百份餐，不仅方便志愿者送餐，更节省了近一半的送餐时间，确保老人能够及时吃到热气腾腾的暖心午餐。

（三）完善政策支持，提质增效

近几年，随着人力和物价成本的逐步递增，长者食堂保障压力逐年增大，部分村居也因招募不到送餐志愿者而出现了老年人订餐困难的问题。镇人大代表了解到这一情况后，开展了专题调研，并与相关部门沟通协调，向政府提交了《关于调整"每日饭饭"餐费标准和送餐补贴标准的建议》。镇党委、政府对此高度重视，多次召开专题会议讨论研究解决对策，最终决定保持老年人个人餐费原有支出标准不变，加大政府补贴力度，提高"每日饭饭"项目的餐费标准和送餐补贴标准，让老年人"吃得实惠"，实现"食"有所依。菜品质量越来越好，送餐志愿者们干劲越来越足，吃到可口安心饭菜的老人们也是赞不绝口，书院老人的获得感和幸福感满满。

（四）保障用餐需求，贴心服务

在2022年新冠疫情期间，受疫情影响，长者食堂不得不暂停营业。但考虑到独居在家、无人照料老人的实际用餐需求，"每日饭饭"的为老送餐服务没有停止。为了确保老人的用餐安全，食堂严格落实防疫措施，对送餐的各环节进行了严格把关：制订营养均衡、符合老年人用餐习惯与饮食特点的菜单，每餐保证一荤二素；工作人员按规定进行核酸检测，对厨房、餐具进行每日多次的消杀工作；送餐志愿者每日送餐前后按照防疫要求对送餐车内外进行全面消杀，全程佩戴口罩、手套，将订餐无接触式配送上门，确保老人们吃得暖心、吃得安心。

三、典型案例

90多岁的潘爷爷是丽泽居民区的一位独居老人，瘫痪在床，生活不能自理。潘爷爷的子女平时忙于工作难以顾及，午饭问题成了萦绕在他们心头的一桩烦心事。自从申请了"每日饭饭"送餐服务，志愿者365天风雨无阻，每天中午准时把饭菜送到潘爷爷手上。多

"每日饭饭"冒雨送餐

年来，老人脸色红润，精神状态也非常好。潘爷爷家人表示："现在政府把老人当宝，给了老年人非常多的关爱，有了这项送餐政策，我们再也不担心家里老人的吃饭问题了。"

四、成效启示

通过"每日饭饭"社区送餐公益项目开展为老配送餐服务，在满足农村地区一般老年人助餐需求的同时，打通了高龄、独居、失能等特殊困难老年人助餐服务的"最后一米"，用"一餐饭"的温度，提升老年人"舌尖上的幸福"。另外，改善了长者食堂原本只能惠及堂食人群的情况，提升了南北两个长者食堂的业务能力，促进长者食堂发挥出最大的社会效益。

下一步，书院镇将着眼"15分钟养老服务圈"的构建，依据老年人口规模、用餐需求、服务半径等因素，依托老年人日间照护中心及助餐点的布局，做实"每日饭饭"社区送餐服务项目，将餐食服务覆盖至老年人日间照护中心及助餐点，以惠及更广泛的老年群体，更好地满足老年人多层次、多元化的助餐服务需求。

生命的阅读

走近书院镇百岁人瑞

施国标

一个百年，放在宇宙的时间长河中极短暂，但放在人类生命时间中，便令人惊奇了。那些拥有百岁生命的人，能称寿星。

2023年5月14日，我采访了三位书院镇的百岁母亲与一位百岁父亲……

采访不分先后，按行程便捷而为。

这一天，气温飙升至31℃，这在初夏是一盏红灯。伴着这一气温，我对采访百岁老人的兴致也显得特别高涨，因为这是一次不寻常的采访，是对书院最长生命的阅读，是对书院的骄傲的展示。在镇老年协会会长小许的陪同下，一天之内我有幸见到了四位百岁老寿星……

101岁邬小妹，养生之道在于乐助人

走进丽泽·荷亭苑小区，我踏进了邬小妹的家。

厅堂里已坐满了人，寿星邬小妹坐在一张沙发上，其他是寿星的儿子、儿媳妇等。看得出，这些人在等候着，张张笑脸，犹

如绽放的一朵朵灿烂之花。"家有一老，如有一宝"的俗语在这里
被演绎得十分完美。

老太精神面貌甚好，看上去要比实际年龄小得多，虽有些耳
背，但她已经在用还很好使的眼睛打量着站在面前的陌生人了。
等到我们说明来意，她显得更兴奋了，欲起身为陌生人搬凳子，
满口的客气话加放光的眼神，身体里涌动着一股与常人不一样的
活力。

百岁老人邬小妹

小辈们争先恐后地介绍老人（老人生有四男两女）。

"婆婆的最大爱好就是助人为乐，做得最多的就是为邻居刮
痧，最多的时候一天刮了五六个人。"大儿媳妇说。一块小小铜
板，联络了众多邻居的感情。"刮好"一个人，老太会开心一天，

她体会到了自己的付出，看到了民间中医治疗又让人活蹦乱跳了起来，自己的心也如被蜜糖滋润着一样，心情格外愉悦。老太总在替别人着想，人家有困难就会去帮忙。记得邬老太尚未住小区时，有一次看到一位邻居傍晚了还没回家，晾晒在外的衣服快要潮了，老太便把衣服先收放在自己家中。这件事虽小，但老太的心安定了，也乐开了花。老太和善，待人热情，邻居老人也愿意上她家白相聊天，老太自然也搬凳递茶忙个不停，营造了一个养人、乐人、爱人的庭院氛围。

采访现场始终充满着欢乐的气氛，几个儿媳妇总在抢着说话。说话间，我已了解到老太平时对待小辈也很好，从不斤斤计较，婆媳之间从没红过脸，妯娌之间也不会吵闹，大家都尽心尽力尽情地把老人养好、逗乐。现在这个大家庭相处和谐，其乐融融。老太在子女们的日夜照顾下，吃不挑剔，营养良好，住不忧虑。老太有了如此好心情，日日高枕无忧，一觉到天亮。问及老人是否遭过难，大儿媳妇答道："有，不过大病难不倒她。"原来，邬老太在50岁时，曾被医生宣判过"死刑"，后事都准备好了。但病魔没把她击垮，反而换来了一个老寿星的待遇，这大概就是好心人的福报吧！

邬老太是种田人，住小区之前就住在村里。她一生干着辛苦的农活，吃穿住等都十分节约，在吃饭时就连一点菜汤脚也舍不得倒掉。现在邬老太享受着政府的优待，吃"日托饭"，享"家政福"，政府逢年过节总会来看望她。说到政府，老太总是连连夸赞，说自己好幸福！

105 岁陈来宝，养生之道在于不动怒

沿河而行，我们来到了安居在四灶村 20 组的陈来宝家。

乡村住宅宽敞明亮，周边有河、有田、有花、有树，空气清新，充满着美好的田园气息。陈老太生有三男两女，排行第五的儿子接待了我们。

端坐在一把椅子上的陈老太身体还不错，精神饱满，只是有严重的耳背和眼疾——白内障，这使老太的听觉与视觉有了障碍。所以我们的到来，并没有引起她的特别注意，她从头到尾没有说

百岁老人陈来宝与家人合照

一句话，静静地享受着"个人世界"。从她的气质和整洁的衣着上可以看出，子女把她照顾得好好的。

老五说，从我记事起，就知道母亲是一位十分勤俭节约的人。种田人是辛苦的，故十分爱惜粮食。小时候，子女吃剩的饭菜、汤脚，母亲总是舍不得倒掉，她张开嘴巴，一股脑儿地把这些剩货灌进了自己的肚子。新中国刚成立时，母亲在家里养过猪、养过牛。养猪是为了增加点家庭收入，养牛是为了种好田，让一家人吃饱饭，过好日子。回忆过去，老五道出的全是辛酸事。他清楚地记得，当母亲40岁时，父亲便过世了，之后母亲就凭着节约和勤劳把五个子女拉扯大，子女也一一成家立业。为养好牛，子女常常要到外边去割青草，每一次割草都很劳累。大姐在铡牛草时，一不小心竟把一截手指铡掉了。老五还说，母亲非常爱护孩子，对孩子的不是，总以教育为主，从不打骂。有时候，我们白天贪玩，晚上尿床了，换成别人家的家长，恐怕打骂会随之而来。但母亲只会说声"注意、当心"。陈来宝的心始终是平静的，心平气和地面对着生活，从来不发脾气。

说到饮食，老人从不挑剔，有啥吃啥。平时老人不爱吃零食，也不偏爱喝水，就连吃药时，也只是喝一点点水送服，润润喉而已。五年前，陈老太自己提出要吃海鲜，子女便千方百计地满足了她。她爱吃猪肉，且是肥的，一顿饭可以吃一两块红烧肉。这便是陈老太的饮食特点。但自从感染过新冠病毒后，老太的食欲有所减弱，不再提出自己要吃什么东西，就跟着子女随便吃。老太在 83 岁时做过髋关节手术，好在没有大碍。现在老太由兄弟三人照顾着，平时在场角、庭院里走动走动，余下的时间就躺在椅子上休息睡觉。下雨天，老太不太方便起床，一日三餐全由子女们送到床前。在晚年的时光里，陈来宝既享着家人的照顾，又享着政府的优待。

104 岁孙根仙，养生之道在于勤用脑

李雪村 267 号就是孙根仙家。因预先有联系，几位子女已在场角头等候。老太的精神状态自然无可挑剔，除了耳背之外，其余都无大碍。孙老太喜欢与家人交流，只要她听懂了一句什么话，既能对答如流，还能带出一大堆话语来，尤喜回忆往事。在采访中，老太为我们讲了儿子去当兵的故事。她舍不得儿子远行，分别时哭了好长一段时间。那时儿子去过的青海、江西等地，地名现在她还能叫得上来。她也记得，自己年轻时身体很好，能挑着担子步行八九里路，到泥城角卖棉花。在场的孙媳妇说："阿奶如今年纪虽然大了，但眼睛特好使，甚至比那些中年妇女还好，她们穿不了引线，她却能穿过去。"有一次，儿媳与奶奶开了个玩笑，儿媳戴着帽子，进门时有意不理睬奶奶，看她是否能认出自己——毕竟是自家人，最终还是被奶奶认出来了。老太的脑子也不糊涂，记性特好，自己后代的名字都能叫得上来，连不少邻居孩子的名字都能记得。老太也是种田人，生活讲究节约，子女在

身边时，吃剩的饭菜也是不让倒掉的，衣裤有洞补了再穿。如今老太年纪大了，但并没卧床不起，平时还能到宅前的路上走走，走路时还不停甩手，做着运动。老太饮食不挑剔，倒也喜欢吃点猪肉，且专挑肥的，顿顿不离。老太原来服用些高血压药，近两年来，她干脆停了药，不过检查时的血压指标倒也挺正常。

百岁老人孙根仙与笔者交谈

五年前，老太患了痛风，到市第六人民医院临港院区去看病，医生让检查各项指标。令人欣喜的是，各项指标都保持在不错的水平。医生说，老太这把年纪能达到现在的水平，是相当不容易了。于是子女们也放下了悬着的心。

大儿子说："老娘生我们三男两女，个个成家立业，实在是件不容易的事，她为我们辛劳了一辈子，现在该轮到我们为她造福了。父亲已在2010年去世，母亲在那时成了独居老人。如今，好在老娘身体好，不挑食，在她的口中没有一样不好吃的东西，荤到有鱼有肉，素到咸菜咸瓜，所以我们也不会刻意地为老娘准备什么，但均匀、多样是我们的备菜原则。让老娘口感好，吃得开心，是我们最在乎的。"日常间，子女们给老太准备着牛奶、糕点、糖煮蛋、馄饨、水果等零食，保证老太每天有足够的营养。

如今，孙根仙的生活起居，都由子女们日夜照料着，并享受着政府的养老待遇。她在一个农家的庭院里安享晚年……

100 岁唐进军，养生之道在于爱学习

唐进军是我采访的四位寿星中唯一的男性，住洋溢村123号。

见到唐进军老先生时，他正在自家场角的田园里持锄为庄稼松土。我说明来意，他便招呼我屋里坐。他步履稳健，像是一位80岁的老汉。

唐进军初中毕业后，就当起了教师。从1952年起在黄路东联小学任教，1962年调入书院外灶小学，1983年退休回家。忆怀往事，他记忆犹新，对答如流，足见记忆力之强。

与唐老先生交流不用费太大的劲，虽说他有些耳背，但只要挨近些，他就能听清我的话。在我采访的对象中，他也是唯一一位全程同我直接交流的。

坐在眼前的唐老先生，个子不高，皮肤白皙，脸上没有太多

的老年斑。唐老先生表达流畅、口齿清楚、气质甚好。说到来劲之处，眼神放光；说到好笑的地方，他也跟着笑一阵……

唐老先生退休后并没有赋闲在家，他爱养小动物，如鸽子、鹌鹑等。20世纪80年代家乡掀起饲养长毛兔热潮，唐老先生也跟着养了40多只长毛兔，且一养就是四五年，直到市场停止收购兔毛。老先生也爱种花，光菊花就有十多个品种。一年四季鸟语花香，蜂飞蝶舞，陶怡情操。因唐老先生是教师，退休后自然离不开读书、看报，他每年自费订阅多种报刊：《解放日报》《文汇报》《老年报》等，从文字中找到自我的乐趣，知晓国家大事，可谓活到老学到老。他把书中的一首喜欢的诗《唐朝和尚诗》抄录了下来，并当作自己的座右铭："手把青秧插满田，低头便见水中天，心地清净方为道，退步原来是向前。"唐老先生领悟到了诗中的哲理——"插秧虽是后退的，但却是在前进"，引人深思。据唐老先生的四女婿说，老先生正着手写回忆录。爱学习和勤劳动，成了唐老先生的养生之法，动手动脑使他受益匪浅。

唐老先生的饮食也十分随意，五谷杂粮、鱼腥荤素，与家人同在一桌上，粗亦罢，细亦罢，从不另开小灶。老先生的睡眠也是天生地好，能一觉到天亮，也没有睡午觉的习惯。唐老先生从来没有生过大病，只是三四年前出现过一次轻微的中风，不过在医院急诊室补液两周就康复了。他也从没服用过什么补品、膏方、传销的营养品之类的。在唐老先生看来，不挑食、不生气、爱劳动、爱学习、不与人争高低，就是最好的补品。

百岁老人唐进军

唐老先生育有一男四女。大儿子学业有成，当年考取了上海华东化工学院，后在重庆就业，为长寿化工总厂总工程师。虽然也是80多岁的老人了，但也常来探望老父亲。唐老先生现在与四女夫妻生活在一起，吃穿无忧，四季快乐，颐养天年。

唐老先生因在"书院厂"读过书，说起"书院"名字的由来，兴致勃勃，也许他已是书院地区唯一能详细描述"书院"由来的老人了。政府的关怀也使唐老先生的晚年生活如诗如画。

从历史上看，书院这片土地养育了不少百岁老人，有的已故世，有的尚健在。限于篇幅，本文只采访了四位记忆力良好、表达清晰、能走动的百岁老人。

　　在采访中笔者发现，除了唐进军的性别与身份不同之外，上述四位百岁老人的特点、性格、习惯等出奇地一致，同是心情开朗、同是不爱生气、同是饮食不挑剔、同是乐于助人等。要说长寿秘诀，我想这就是他们的秘诀，没有神丹妙药的事。这些秘诀，正符合了我国古老中医的养生之道，符合了生命的阴阳调和，符合了大自然的规律。他们从来不用什么膏方补品，也不信江湖郎中的传销物品。他们依靠强筋骨、健体魄、不挑食、不生气、坦然大度、爱做好人好事等，保证了人体所需的各种能量，保证了美好的心情，保证了气血畅通，进而迸发出生命能量，使各个器官的功能得到了长久良好的维持……

周玉妹和她的老伙伴志愿者们

何秋生

　　癸卯立夏次日，应约采写浦东新区书院镇"老伙伴志愿者"团队。车至首善街、石潭街路口，导航柔柔地说："您的目的地到了，与您配合真愉快！"准确无误的导航与柔和甜美的声音，像旷野里的一股兰香，令人忽然舒心愉悦。

　　生活中亦是如此，好的人文关怀与生活环境，就能让人身心健康。人原本就应该是在关怀与被关怀，或者说是在相互传导"热能"中往前走的。

　　今天的约采时间是上午九点，我起了个大早，吃过早点，驾车63公里，八点差五分就到了目的地。

　　刚打开车门，就见一位女士走进书院镇综合为老服务中心的那扇玻璃门。因为离约定的时间还有一个多小时，不便与指定的中心联络人周玉妹和书院镇联络人许琪两位老师联系，所以我一个人在为老服务中心的外围做了些"辅助采访"。这时，只见刚才走进中心的那位女士，一会儿提着拖把，一会儿拎着茶壶，进进出出好几回。她看上去像是位女领导，但一早忙活着这些活又像家政服务员。我略走近几步，用余光看了她一眼，心里断定："她应该就是周玉妹，今天要采写的团队联络人。"

我继续在中心周边看外景，发现"上海市浦东新区书院镇老年协会""上海市社区老年人日间服务中心""老年人日间照护中心""浦东新区书院镇姐妹帮农村养老睦邻互助点""上海市社区综合为老服务中心"等牌子就挂在首善街路口的这排房子门前。

是啊，敬老爱老，当是首善。书院镇人无愧先祖也无愧"书院"这个地名。

我在一个一个读这些牌子的时候，就见一位身材较高的大姐推着一位阿姨走进了书院镇综合为老服务中心，后面还跟着一位年轻一些的女士。轮椅上坐着的阿姨笑得很灿烂。

我猜想，推车者应该是老伙伴志愿者，而坐在轮椅上的那位耄耋老人，肯定就是受助对象了。这么想着，许琪老师的电话进来了："何老师，您到了吗？""我到了，就在您面前。"许老师陪我到了中心二楼，为我引见了周玉妹。

是她，中等身材大眼睛，青丝丛中略有几根华发。举手投足间尽显热情，又带着几分干练爽气……我的直觉果然是正确的。

她就是周玉妹，书院镇老

老伙伴志愿者代表周玉妹

年协会副会长、书院镇老伙伴志愿者团队的团长。

没有过多的寒暄，周玉妹已为我安排好今天集体采访的所有事宜，老年活动室早已坐满了老伙伴志愿者和受助对象的代表们。我也直接进入正题。

"称呼您叔叔还是老哥哥好呢?"我问在场的一位最年长的受助者。因为自己也是已过耳顺之年的人，对长者的称呼，必须礼貌地征询一下对方的意见。

"叫我小王!"

老人刚一说出口，立刻引得哄堂大笑。这位自称"小王"的大叔叫王勇，今年83岁。83岁的"小王"脸色红润，声如洪钟，满口南汇普通话。他说自己当年是一名七贤队队员。所谓"七贤"就是"农林牧副渔工商"七种行业都干过，而且都当过先进。当年的身体如铁打一般，没承想在60岁退休后不久，双脚长了肿瘤，完全瘫痪在床。有医生说能治好他腿病的人还没出生。屋漏偏逢连夜雨，就在这时，老伴也患了脑梗，生活不能自理。两个儿子都不在身边且工作很忙，无法照顾老人。

"小王"话锋一转，指着坐在旁边的老伙伴志愿者说:"多亏了她和楼组长沈宝芬一直照顾我，13年不间断，使我的身体得以恢复。""小王"说到这里，我有些将信将疑，他立即起身下桌大步地走了起来。

回到座位，"小王"继续夸书院镇这支老伙伴志愿者团队，说："'老伙伴'做得好啊！去年疫情期间，天天陪着我们这些老人做核酸，每天陪到检测点上还让我们优先做。我阳后老伴也阳了，高烧六天，子女无法照顾我们，全靠睦邻点的点长。"

"小王"越说越激动……担心老人坐的时间过长、过于激动影响健康，周玉妹巧妙地岔开了话题，并让一位老伙伴志愿者陪他回家休息去了。

"小王"刚转身，另一对志愿者和受助对象坐在了我的对面。这位"老伙伴"长得像"小伙伴"，1968年生人，叫乔淑美。她是这支队伍里的歌舞队队长，看上去很是年轻，人称书院镇老伙伴志愿者团队里的"甜妹子"，教歌教舞玩抖音，总能踩着时代的最新节拍。"甜妹子"不仅赢得了团队内部姐妹们的喜欢，那些受助者们看着她也像看着自己的亲闺女一样。

80岁的梁英泉就是"甜妹子"乔淑美的受助者。看其容颜气质，根本不像有80岁。我问："哥哥退休前在哪高就啊？"他回答说："在粮食部门。""哦，吃粮吃好粮不愁，难怪保养得这么好！"我很冒昧地与老梁开了个玩笑，活跃了一下气氛。老梁并不生气，还顺着我的话说："倒不是因为我'管粮食'吃得好，是多亏小乔她们把我照顾得好。"接着老梁回忆起14年前自己患上脑萎缩、头晕病的事。说自己一度痛苦不堪，自暴自弃，对生活失去了信心。

自从成为小乔的受助者以后，每天一早一晚都能收到小乔电话或微信的问候。"她还教我在手机上打牌，每天早晚有规律地散步。不仅教我如何锻炼身体，还教我如何锻炼自己的脑子。她要求我每天将胃口好坏、锻炼步数、睡眠状况等情况用微信发给她。我每天都按她说的做，她每天表扬我。"说到这，老梁的脸上闪现了孩童般的得意，"有一天我玩手机打牌，忘了给小乔发信息，这下可把小乔急得直冒汗，第一时间冲进我屋里，让我感动万分……"

今年70岁的蔡兰芹，在老伙伴志愿者团队做了十几年了。最早服务的两位老人都不是自己小区的，但听说两位老人一个89岁有脑梗，另一个95岁，都瘫痪在床缺少人照顾，蔡兰芹毫不犹豫地就接下了照顾这两位老人的活。两位老人毫无自理能力，全靠蔡兰芹一人负责。她每天带上血压仪、风油精、指甲刀、刮痧器等物品，按情况的轻重缓急在两位老人间来回穿梭。不仅把两位老人侍候得很好，蔡兰芹还把每月50元的志愿者补贴全买了营养品送给他们。家属给蔡兰芹送来一面锦旗，上书："全心全意为老人，不懈辛苦献爱心。"说起这面锦旗，蔡兰芹一脸欣慰。

另一位老人走之前早已双目紧闭，子女怎么喊都不醒。蔡兰芹来到老人床前，俯下身子，贴近老人耳朵，轻轻地说："叔叔，我是小蔡呀！"老人听到蔡兰芹的声音，奇迹般地睁开眼睛，说："小蔡你来了。"说完，老人安详地闭上了双目……

潘美英，63岁。老伙伴志愿者已经做了八年。八年来，她相继结对了五名受助对象。说到其中两位老人走的时候,潘美英满眼是泪。她说前年走的那位,子女打电话给她的时候已是凌晨一点多了,告诉她老人快不行了,说老人要见她最后一面。潘美英迅速穿好衣服赶过去,打开取暖器把房间烤得暖烘烘的。最后,潘美英就坐在老人床前,看着老人轻轻闭上眼睛静静离开人世。

2022年12月30日,疫情期间,另一位老人没能挺得过去,也病逝了。潘美英因为一直照顾老人,自己也被感染并发起了高烧。老人去世之前,她每天到老人家中帮他烧一碗米线。隔三岔五地用补贴的钱再买些鱼肉之类的荤菜,给老人换换口味。老人阳了以后,子女说送他去医院他不肯,硬说不认识他们,最后潘美英说送他去,老人才肯去。"是我在医院一直陪着他,直到把他送走……"潘美英说这些话的时候,眼眶里蓄满了泪水。

潘美英眼里那滚烫的泪,昭示着:老伙伴志愿者队伍里,人人都会付出真情!

像潘美英、蔡兰芹、乔淑美这样的老伙伴志愿者,一般都结对五至八位老人。书院镇每个村、居都有五至十名老伙伴志愿者。我听下来,好像她们的任务与职责,和潘美英、蔡兰芹、乔淑美的一样,除了照顾那些生活难以自理的独居老人的日常生活外,更多的是"陪":陪聊、陪护、陪笑、陪哭,甚至是陪灵,最后陪家属送上一程……

"陪着夕阳往西沉,染得夕阳红满天。"我对这群"老伙伴"

生出无限的敬意。

顾红宣大姐，高挑的个子，穿一件红色上衣，戴一顶红色大檐帽，红扑扑的脸上满是喜气，像一株九月的芙蓉。她每天坚持来老年服务中心，里里外外帮忙张罗。

我不解地问她："大姐，您不是已经不在志愿者的年龄范围了吗，为什么还要留在这边帮忙？"顾大姐还是甜甜地笑着说："我就是想过来帮帮小忙。"

75岁的顾红宣思维、表达都十分清晰。接着她就用几分怜爱加几分钦佩的口吻，介绍起周玉妹的"许多不容易"。她说，玉妹这个老年协会副会长是大家选出来的，书院镇所辖93个睦邻点的点长和现有的260名老伙伴志愿者，都是玉妹一手培训出来的，她就像一团火，大家没有不服她的。玉妹干事泼辣，有办法，懂得团结人、关心人，在这支队伍中有威望。通知12点开会，大家保证11点半之前全部到齐。不管晴天还是雨天，她是一个睦邻点一个睦邻点地跑，一个细节一个细节地抠，一个电话一个电话地打……

看得出，顾大姐是有很多话要对我说的。这时，周玉妹终于腾出时间坐下来同我聊聊了。

"人人都会老的，我就是希望我们周围的这些老人老得从容，老得开心，老得有自信有尊严……"这一番话让人感觉周玉妹应该是政工领导出身。果不其然，原来她退休前是书院镇保障中心的党支部书记。正因为如此，周玉妹在书院镇一带早有声望。于是，刚从书记的位置退下来，她就被大伙选为老年协会副会长，带着老伙伴志愿者这个团队，继续做好全镇的老年服务工作。

"属牛的，真是干活的命！"我心里这么想着，周玉妹却觉得乐在其中。这位1961年出生的老伙伴志愿者团队的掌舵人，退休七年来就没有在家享过一天清福。她每年都要做一个计划和操作方案，筛选受助对象，选拔志愿者。然后对志愿者进行反复培训，培训的内容大至健康常识、配药、服药、陪聊、陪护、量血压、测血糖等，小至如何倒水、买菜、做饭、理发、洗澡、洗衣服，如何发微信、打电话，甚至，如何防诈骗、防小偷……细微之处更显真情。周玉妹不仅是这么严格培训的，还严格按标准一项项落实、对照检查。她每次进点检查时，都要看志愿者的手机号有没有贴在受助对象的墙上，手机是不是保持畅通，志愿者能不能做到随叫随到……按这些要求，周玉妹组织这支团队，年中和年底都要进行总结交流和表彰。

在今年的总结表彰活动前，周玉妹给大家出了一道题：元宵当天，每个"老伙伴"给自己的结对对象做一碗汤圆送过去。随后，周玉妹悄悄暗访。抽查的结果是全部达标。

属牛的周玉妹，名不虚传，真是一头躬耕不止的"牛"。

老伙伴志愿者团队不仅有年龄的限制，进这支队伍还必须通过严格的选拔。从2012年成立以来，这支目前多数由村居小队长、楼道组长组成的260人的志愿者队伍，连续11年满意度测评均获高分，深得老百姓欢迎。当然，高分来自他们的辛勤劳动。仅去年一年，这群老伙伴志愿者为高龄独居困难老人登门服务就达92 340次，忙里忙外，嘘寒问暖，给受助老人带去满满的幸福感、安全感……

志愿者蔡兰芹、潘美英和受助者梁英泉（上），受助者王勇和志愿者乔淑美、顾红宣（下）

法国著名作家司汤达曾说："老来受尊敬，是人类精神最美好的一种特权。"印度也有一句谚语："你不同情跌倒在地的老人，在你摔跤时也没有人来扶助。"

采访完周玉妹和她的这群"老伙伴"，我被这种将敬老爱老作为生命的一部分的美德震撼。在老人的世界里，这种美德就是黑夜里的一盏灯，就是寒冬里的一把火，就是沙漠中的一泓泉……

"岁寒，然后知松柏之凋也。"其实，美德就是需要帮助时，伸过来的一只温暖的手；需要关心时，贴上来的一颗火热的心。只有生活在这种世界中的老人，才能感到人世间的温馨与美好，才能远离孤独与凄凉，才能欣慰地走完属于他们的人生旅途……

"莫道桑榆晚，为霞尚满天。"书院镇老伙伴志愿者团队的采写之行，让我真正读懂了刘禹锡的这句诗……

日托站里的阳光和幸福

施国标

做好"大城养老"，一直是国家在探索的一项重要工作。对此，书院镇党委、政府坚持以高站位的姿态，主动融入临港发展轨迹，积极推进和完善养老院养老、居家养老、睦邻点服务、日间照护服务等模式和方式，为"大城养老"做有益的探索。

日托，让养老有了一种新的方式

目前，书院镇60岁以上的老年人有1.77万，拥有公办养老院一个、民营养老院三个、享受居家养老服务的老人1 650位、睦邻点93个。在远景规划上，"康养"已成了书院的热门词……

明媚的阳光总是多彩的，洒向人间都是爱。

日托的到来，让书院老人迎来了新天地、新生活。那何谓日托站？日托站便是为社区老人提供日间照护服务的站点的简称，也是一种新型养老模式，到目前为止，全镇已发展到了11家。

书院镇，地处浦东东南部，是临港新片区的北门户。就如何在"大城养老"上做出有益的探索，书院正努力奋进，日托无疑是触角之一。书院的日托站处处洋溢着欢乐、温馨、和谐的社会大家庭氛围，笑声、歌声，声声入耳，手动、脚动，动动生姿。建全的生活设施，周到细致的生活服务，健康欢乐的活动项目，营养美味的餐饮，让日托老人天天有一张幸福的笑脸。乡村振兴，生活美满，新时期的老人走进了一个新天地，生活呈现出新景象。

外灶村综合为老服务家园的一位老太说："自己小时候因家里穷，吃不饱、穿不暖。现在好了，不但吃得好、穿得好，老了不用愁，还由政府来养，这样的生活真是连睡梦里头也想不到的。"走进中久村综合为老服务家园，更是眼前一亮。政府在推进和设立这个家园的过程中，更注重服务项目的拓展和完善，特别是在中医保健功能室上动足了心思，在空间运用、设施配备上均予以了保障，老人能在这里听课，享受中医药服务。为方便老人在两层楼之间上下移动，还专门安装了电梯。全镇各日托站根据本地实际情况，在生活服务上，既有规定服务项目，又有创新服务项目，只要适合于老年人生活的都可以策划落实成活动项目。乐源为老服务中心，是一家致力于为社区老人提供日间照护服务、承接政府委托事项等业务的服务机构，全镇共有六家日托站成了他们的服务点。多年来，该机构充分发挥自己的服务特色，亮点纷呈。有香薰疗愈、下午茶、刮痧、扦脚等特色项目。庆生的烛光照亮了老人愉悦的心，生动的故事会为老人提供了精神食粮，生活保健与身心保健在此得以充分融合。

服务，让日托老人有说不完的美好

幸福美满，夕阳无限好，日托站就像一个温暖的大家庭，亲切、温馨、友爱。

经日托站推荐，笔者采访了两位已享受了多年日托站服务的老年人。

徐海根，今年96岁，原住黄华村五组，现居丽泽·兰馨苑，日托于镇级日托中心。

这位徐老伯虽年逾九秩，但除了有气喘之外，仍耳聪目明，精神矍铄，思路清晰，谈吐有序，对答如流。这些都足以证明徐老伯在日托站的生活状态，他是幸福美满的。

徐老伯退休之前，在新港交管站当会计，1985年入党，在2021年喜获"建党百年纪念章"，这是他政治生活中的荣耀。退休后，徐老伯一度发挥余热，被一家单位聘请做财务工作，直到2000年才正式开始安度晚年。2012年进了书院镇日托站，开始享受日间照护的多种服务。

徐海根育有四男三女，子女中有建筑工程师，有在远洋渔业公司工作的。徐老伯说："我在日托站已经十年了，我深深地觉得这样的日托站办得太好了，有吃、有玩、有乐，是伲老年人享福的好地方。"徐老伯还清楚地记得，自己在进日托站的第二个年头，站里举办了一次庆祝会。为了表达对日托班的敬意，徐老伯特地送了一面鲜红的锦旗，上书"老年之家"四个金黄的大字。可见徐老伯将日托站看作了自己的家，一进"家"门就打心里高兴，笑意始终浮现在了脸上。

2016年，镇党委领导来看望日托站老人，并召集大家进行座谈交流。徐老伯兴奋地发了言，他说："日托站从无到有，从小到大，是镇领导关心的结果，我可把它总结为五个'心'字——领导关心，管理精心，老人开心，子女放心，志愿者个个有爱心。"说罢，在场的人报以热烈的掌声。

日托站里为老人做庆生活动，是最让老人难忘的事，每月两次雷打不动。徐老伯很快回忆起今年2月16日站里为他庆生的场景：戴庆生礼帽，吹生日蜡烛，吃生日蛋糕，令他的心情十分舒畅快乐。他说过去在家做生日时也没有这样好的待遇，要简单得多，而在日托站就不一样了，热情而温馨，真是难忘哟！徐老伯自然也享受到刮痧、拔火罐等中医理疗服务。那些扦脚、去灰指甲、刮老脚皮等服务，也是徐老伯从来没有尝试过的。徐老伯在接受笔者采访时，还介绍了他自己的一些保健方法，如他喜欢在太阳底下晒背取暖和每天揉撸

老年朋友们在日托站开心庆生

手指100次等，以达到通筋活血的效果。徐老伯是一位乐于养生的人。

在疫情期间，日托站对老人更是关怀有加，工作人员勤联络并上门做好服务工作，如测抗原、理发、配药等，工作一丝不苟。这一切都深深地打动了每位老人的心，他们把这份爱铭记在自己的心上。

严伯飞，今年79岁，退休之前在书院食品站工作，当过销售部、收购部负责人。1964年之前也参加过机关工作，他的妻子顾红宣退休后也成了李雪村暖心睦邻点点长。

严伯飞育有一男一女，他让子女接受了良好的教育。两个孩子不负父母之望，大女儿考上了幼师，后当上了幼儿园园长；儿子大学毕业后当了学校教研组副组长。更为可贵的是，严伯飞夫妻俩在退休后发挥了各自的管理特长，做到老有所为，为乡村睦邻点、日托站做着自己的贡献。

2021年是中国共产党建党百年的大庆之年，严伯飞夫妻俩均拥有50年以上的党龄，双双荣获了金光闪闪的"光荣在党50年"纪念章。顾红宣还代表书院镇50年以上党龄的全体党员，到区里接受了区领导亲手颁发的"光荣在党50年"纪念章，她感到无比的幸福与光荣。自2019年以来，严伯飞家连续被评为浦东新区"五星户"家庭。

严伯飞是在2021年进入李雪村日托站的，他进站的时间虽不长，但他凭着长期的行政工作经验，热心帮助管理日托站的多种事务。特别是在有些老人闹情绪的问题上，老严就敢于站出来伸张正义，弘扬正能量，据理力争，去说服那些人。他说在日托站这个大家庭里，要讲团结，要懂得相互照顾和体谅，有些事不能过于挑剔，去为难管理员。就这样，严伯飞就像一位站内的指导员，做着老年人的思想工作。他不怕得罪人，不厌其烦地找个人谈心，掏心掏肺地做工作。一直以来，老严深深地爱着日托站，老人们也服老严这个人，于是老严说的话大家都要听，站内小情绪很快被消除，日托站里始终洋溢着温馨、快乐、幸福的气氛。

在日托站里，严伯飞还当上了读报员，他密切关注着每日的报纸，选择一些老年人所关心的时事，读给大家听，让老年人在

入托老年朋友们一起学习

这个小站里也能知晓国家大事。老严也看书，他主动为老人们讲红色故事，讲领袖故事，讲英雄故事，讲古代寓言故事，老人听了，更有了爱党、爱国的情怀，受益匪浅。

在日常活动中，老严也是一个大忙人，站里要做馒头、包粽子或是下馄饨，老严也总是帮着干。有老人生病了，到不了站，他也和其他人一起去看望。总之，站里开展的各项活动，都有老严的份。

在日托站，大家相互帮助，相互沟通，站内管理员工作样样做得到位，日托站就像老人的一个家，让老人难离难舍。老人倾情于一个站，又倾情于每一个老伙伴。日托站也有放假的时候，但这些老人说："最好不要放假，我情愿天天在这里过日子……"

日托站里的"老熟人"与"小知青"

徐春霞

在浦东新区的书院镇，有这样一支养老队伍。

她们心怀大爱，力行"老吾老，以及人之老"的养老精神，把长者当成自己的长辈，早上一杯热茶，午休一个软枕头，满满的照顾与关怀。她们心怀尊重，无论长者年龄高低，无论长者学识深浅，无论长者穿着奢简。她们心怀养老事业，学香薰疗愈、学认知干预技能、学老年太极，提升照护技能。她们心怀感恩，视老人如父母。

让我带您走进三家老年人日间照护中心（简称日托站），聆听一位"老熟人"和三位"小知青"分享中心里的时光记忆。

一个永不服老的"老熟人"

书院外灶村村民徐微琴，中共党员，除了是村民组组长、党小组长、睦邻点点长，更是"老熟人"的代表，如今又多了一重角色——书院镇外灶村日托站的站点长。

徐微琴坦言，在养老服务方面她还是一个新兵，但凭着十多年社区服务和志愿服务的经验，对村里的老人如数家珍，与家属子女沟通顺畅，碰到问题能快速对接、及时处理。同时，在新的工作岗位上，她不断调整角色，融入养老工作，虚心跟着督导老师们学习站点运营的管理理念、方法和服务流程。一年之后，她已经成长为一名能独当一面的优秀养老"老兵"了。在我们的印象里，徐微琴年近60岁，但仍有一颗不服老的心。她是农村的守望者，也是左邻右舍、村里村外沟通的桥梁。凡事冲在第一线，有使不完的精力。在家上奉父母，下育子女，在外亲友睦邻。

每天清晨，当第一缕温暖的晨光刚刚照进日托站时，人们都会看到徐微琴第一个来到日托站，挨个打开每个房间的门窗，静候老人们的到来。2023年5月，由于施工原因，有一条来日托站的路被隔断了，家住在路另一边的长者们要绕一个大圈才能过来，这可把徐微琴愁坏了。她担心长者们的安全，除了每日的暖心叮嘱，还会在长者们来日托站的路口等候。特别是在下雨天，她会加倍叮嘱长者们一定要在路上注意安全，小心路滑，看好红绿灯，不要乱穿马路。听到这些话，长者们也总是笑着回答她："知道了，肯定做到。"徐微琴这种家人式的关怀，温暖着每一位长者的心。

都说长者是老小孩，外灶村日托站里就有一位特别可爱的长者王新平，他是一位在党50年的老党员，也是一位退伍军人，身体健朗，声音洪亮。由于生性豁达开朗，他常被大家看作日托站里的开心果。每天，王伯伯来到日托站，总是会站在门口喊出"稍息，立正，敬礼"的口令，同时向徐微琴敬一个军礼。而在这个时候，徐微琴也会同样立正回敬一个军礼，大家相视而笑，这已经是两人每日的规定动作。

徐微琴感慨，王伯伯一直支持她的工作，在日托站里传播正能量。她觉得自己能有机会，每天和像王伯伯这样的老一辈共产党员在一起，学习他们身上严于律己的精神和无私奉献的品格，实在是一件荣幸的事情。基于此，她和她的团队将继续秉承初心，努力为长者们创造一个有爱、有陪伴、有欢笑、有温度的大家庭，将党和政府的关怀落到实处，为村里长者们的幸福晚年生活谋福利。

团结互助、其乐融融的日托站

三个亲力亲为的"小知青"

方敏是余姚村日间照护中心的站点长，38岁；周燕吉是路南村日间照护中心的站点长，39岁；徐春霞是养老日托项目经理，34岁。

她们被大家称为"小知青"。虽然年轻，但她们的为老服务经验却十分丰富，在与长者们"斗智斗勇"的过程中，也产生了很多充满生活趣味的温馨故事，有些甚至就像轻松的小品剧。徐春霞是恺邻集团派驻镇里的专职管理人员，具备康复师资质。从最早的运营设施长到如今的项目经理，她可以说是一步一个脚印，以其独有的人格魅力，带领团队认真做好每项工作。虽然年轻，她在工作中却时刻都以高标准要求自己，凡事亲力亲为，强调卓越服务，务求打造"全家福"式的和谐工作氛围，工作中也培养出了徐微琴、方敏和周燕吉这三位优秀的设施长。

余姚日托站，每天都是在"方妹妹""小周妹妹""阿奶""娘舅"这样的温情问候中开启崭新的一页的。方敏回忆说，日托站刚开张时，来到站里的长者们都是一口一个"妹妹"地叫着，叫得她都有些不好意思了。自己的孩子也是上高中的人了，但80岁的阿奶程林仙却笑着对她说："我是80岁的人了，你就是小妹妹。"慢慢地，方敏也习惯了这样的称呼，就是在这样欢快的气氛中彼此渐渐成了家人一般的存在。

还记得余姚日托站运营没多久，就收到了长者储阿姨女儿的感谢信，信中她感谢镇里办了这样一件大好事、大实事！信中这样写道："自从今年6月7日余姚村委办了日托站以来，短短三周，我妈的精神状态出现了明显变化，每天回家脸上洋溢着笑容，身体状况也有好转。每天按摩，老腰的疼痛缓解了许多。上周村委还特意请了扦脚师为每位老人扦脚。说实在的，这些举措我们做子女的恐怕也很难做到。"

余姚有位94岁高龄的黄老伯伯，他不服老，喜欢人家称他"小黄同志"，听到老黄就不开心。老人家里离日托站有20分钟的路程，平日里方敏经常对"小黄同志"讲："落雨了，就勿要出来了，我们把饭送过来，安全第一。"有一天，下着零星小雨，地上比较湿滑，"小黄同志"手里拿着包，仍然像往常一样来到站里。方敏见到后，心疼地赶紧打着伞迎上去，搀扶他进来，关切地问："小黄同志，怎么不打伞呀？"随后用纸巾细心地把老伯伯脸颊上、额头上、头发上的雨水吸干。为了方便"小黄"在家的时候联系到自己，方敏特地把自己的手机号码贴到他手机后面，贴心地嘱咐："有事可以直接打我电话。"

2021年6月，有位黄奶奶入住余姚日托站，陌生的环境和人群让她感到恐慌，她很少说话，也不喜欢参加集体活动。方敏得知黄奶奶喜欢红歌，就鼓励她参加日托歌唱队。在方敏的鼓励下，黄奶奶越来越开朗，积极参加活动，很快融入了集体，也有了自己的"朋友圈"，把这里当成了第二个家。

为了不断创新服务内容和形式，方敏花了不少工夫，积极参与公司组织的专业培训，提升照护理念和服务技能，还关注很多与养老服务相关的公众号，学习小视频拍摄，扩大日托宣传面。

路南日托站有位92岁高龄的周奶奶，老人不能久行，每天出

入托老年朋友们一起做手工

门只能推着轮椅辅助行走，家里离日托站很远。她2019年9月入托，为人乐观坚强，每天脸上都挂着笑容，看到她，大家心里就有种不自觉的亲近感。

当时的站点长正是徐春霞，那时她刚来路南日托站没多久。在同周奶奶的磨合中也渐渐与她建立了深厚的感情。突然有一天，周奶奶愧疚地跟徐春霞说："小徐，实在对不起，我实在走不动了，我要停掉日托了。"当听到这个话时，徐春霞的眼圈立马红了，感到很失落。因为她知道，周奶奶是真的喜欢日托，但身体是真的无法支持了。周奶奶看到小徐那瞬间的失落，立马说道："我再坚持下，明天我来的。"这句话让徐春霞受到了鼓励，从那天开始，她每天都坚持推轮椅送周奶奶回家；后来积极安排团队里的其他护理员，换班接送周奶奶。现在，每天准点接送周奶奶，已在路南日托团队中形成了默契，在徐春霞晋升为项目经理后，接替她的周燕吉将这项工作延续至今。

同样作为年轻的养老人，周燕吉成长得也很快。她热衷钻研业务，积极革新工作方法，成为设施长中的中坚力量。她为人热情、爽快、有爱心，日托站里总能听到她爽朗的笑声。她是个惜花之人，养花堪称一绝。日托站的花园在她的精心呵护下生机盎然，她经常带领长者们参与园艺活动，在与大自然的亲近中感受植物的生命力。这片花园，治愈着长者们的身心。

2月的一天上午，在进行晨检服务时，顾老伯伯突然脸色发白，双手发紫，昏沉沉地坐在椅子上。周燕吉沉着冷静，立马启动突发事件应急预案。一边及时疏散周边其他长者，腾出一个安静的空间；一边进行血压、心跳、血氧检测。发现顾伯伯的血氧指数下降，立即安排了吸氧服务。同时拨打了120、联系了家属，在大家的共同努力下，顾伯伯病情回稳，脱离了险境。经过一周的治疗，顾伯伯出院后居家休养，周燕吉代表日托站所有工作人员和长者们来家里探望。之后的几周，周燕吉和她的团队定期上门，提供健康管理、助洁服务、代办服务等，将日托的服务延伸至家里。贴心的服务得到了顾伯伯和家属的认可。

在疫情期间，日托站的每位员工都积极化身"大白"，协助村里的核酸检测、信息排摸、代配药等志愿服务。过程中，还不忘参加日托的长者们，天天电话慰问，做好情绪疏导、物资配送工作。大家知道，比起生活上的照料，老人的心更需要有人来呵护，而这也是日托站员工们的职责所在。

　　相逢即是缘，记忆是如此美妙。一切皆因日托而聚。日托站里的缘分，让养老工作者与长者们在生活中成为彼此不可或缺的一部分。从陌生到熟悉，从不理解到理解，彼此真心相对。养老工作是个细活，要求每一个恺邻人如水磨豆腐般，用心地做好每一件小事。

　　这就是恺邻"老熟人"与"小知青"的生活故事。像徐微琴这样的"老熟人"，能特别沉下心来做一件事，做到极致，付出不求回报，只求问心无愧。像徐春霞、方敏、周燕吉这样的"小知青"，也因为与老年人朝夕相处，才能够将心比心，用自己的专业知识服务社区、服务群众。正是这些生活故事，让我们领悟到，现在的幸福生活是由上一辈开创的，他们的晚年生活需要年轻人更多的参与，这样才能让养老事业真正获得可持续发展的源动力。

后　记

　　为了展示上海市浦东新区书院镇老年人紧跟新时代步伐、守正创新、勇于追梦的精神风貌，和蒸蒸日上、健康美好的幸福生活，进一步发扬孝亲敬老的传统美德，宣传书院镇老年人积极参与社会治理的良好风气，中国共产党上海市浦东新区书院镇委员会、上海市浦东新区书院镇人民政府决定编写《书绽芳华时》一书。本书以习近平新时代中国特色社会主义思想为指导，通过3篇总结介绍、29个事迹案例，展现了书院镇老年群体脚踏实地的实干性和丰厚的精神财富。愿书院镇的老年朋友能保持年轻的心态，幸福并快乐！

　　本书从构思到脱稿的整个过程，得到了上海市作家协会和书院诗社的大力支持。从创作动员、深入采访，到精心撰稿、反复修改，作协领导和书院诗社高度重视，13位作家饱含激情，在时间紧、任务重、要求高的情况下，如期完成了创作任务，为书院镇养老事业留下了浓墨重彩的一笔。值此付梓之际，谨向上海市作家协会和书院诗社表示衷心的感谢！

　　由于编写时间较紧，难免有不足之处，请广大读者不吝赐教。

编者

2023年9月